死因贈与の法律と実務

編集　本橋総合法律事務所

新日本法規

は　し　が　き

　世界でも冠たる超高齢社会となった日本では、毎年120万人以上の人が死亡しており、この傾向は今後数十年は継続することになる。すなわち、今後数十年の日本は、大相続時代に入ったといえよう。

　この大相続時代において、相続に関する新しい動きが近年特に著しい。2015年1月には改正相続税法が施行され、基礎控除額の引下げ等がなされた。また、2016年12月には預貯金を遺産分割の対象とする最高裁大法廷決定が出された。そして、2018年7月には、相続分野に関する改正民法が公布されている。

　このような状況のなか、死因贈与の分野は、いわば忘れ去られたかのように、法改正や研究が停止していたといえるだろう。

　しかし、死因贈与は、相続対策のひとつのツールとして、十分利用できる利点を備えているといえる。

　本書は、いわば忘れ去られた死因贈与の分野に焦点を当てて、現代の相続問題解決の手段として死因贈与の法律及び実務を解説したものである。もとより浅学の悲しさで、到底十分な解説ができたとはいえないが、本書が死因贈与分野研究のきっかけになれば、望外の喜びである。

　本書は、当事務所の4人の弁護士が分担執筆しており、執筆者により、深度や表現に差異があると思われるが、それはそれぞれの個性と思っていただけると有り難い。

　本書の刊行にあたり、新日本法規出版株式会社の加賀山量氏に大変お世話になった。ここに心から感謝申し上げる。

2018年8月

本橋総合法律事務所

弁護士　本橋　美智子

編集・執筆者一覧

《編　集》

本橋総合法律事務所

《執筆者》

本橋総合法律事務所

本　橋　美智子（弁護士）

本　橋　光一郎（弁護士）

下　田　俊　夫（弁護士）

篠　田　大　地（弁護士）

略　語　表

＜法令等の表記＞

根拠となる法令等の略記例及び略語は次のとおりである（〔　〕は本文中の略語を示す。）。

民法第13条第1項第2号＝民13①二
相続税法基本通達19の2-7＝相基通19の2-7

民	民法	租特	租税特別措置法
会社	会社法	地税	地方税法
家事	家事事件手続法	登税	登録免許税法
〔経営承継円滑化法〕	中小企業における経営の承継の円滑化に関する法律	不登	不動産登記法
		不登令	不動産登記令
		相基通	相続税法基本通達
信託	信託法	評基通	財産評価基本通達
税通	国税通則法		
相税	相続税法		
相税令	相続税法施行令		

＜判例の表記＞

根拠となる判例の略記例及び出典・雑誌の略称は次のとおりである。

最高裁判所平成27年2月19日判決、最高裁判所民事判例集69巻1号25頁＝最判平27・2・19民集69・1・25

判時	判例時報	金法	金融法務事情
判タ	判例タイムズ	民集	最高裁判所（大審院）民事判例集
家月	家庭裁判月報		
下民	下級裁判所民事裁判例集	民録	大審院民事判決録
金判	金融・商事判例	民月	民事月報

目　次

第1章　はじめに

ページ

第1　死因贈与の二面性………………………………………………3

第2　遺言の問題点……………………………………………………3

第3　死因贈与の利点…………………………………………………4

第4　死因贈与契約の現代的利用……………………………………5

第2章　死因贈与とは
〜死因贈与の活用法〜

第1　死因贈与とは……………………………………………………9

1　死因贈与の定義（概説）…………………………………………9

2　死因贈与と遺言との違い（概説）………………………………9

3　死因贈与のメリット・デメリット（概説）……………………9

第2　死因贈与の活用法………………………………………………11

1　死因贈与を使う具休例……………………………………………11

(1)　遺産を渡すに当たって、受遺者や相続人にその事実を
　　予め知らせておきたい場合……………………………………11

（2）遺産を渡す条件を付けたい場合（生前に世話等をして
ほしい場合）……………………………………………………11

（3）不動産である遺産について、生前に仮登記をしておき
たい場合…………………………………………………………12

（4）夫婦がお互いに遺産を渡したい場合（同性婚の場合も
含む）……………………………………………………………12

2 公正証書で作成するべきか………………………………………13

第3 死因贈与契約の例文………………………………………14

1 基本的な死因贈与契約の場合……………………………………14

2 複数の者に対して、財産を換価した上包括的死因贈与を
行う場合……………………………………………………………17

3 仮登記を行う死因贈与契約の場合………………………………19

4 負担付死因贈与契約の場合………………………………………21

5 負担付死因贈与契約（相続人である子の配偶者に介護を
依頼する）の場合…………………………………………………24

6 未成年者への死因贈与契約の場合………………………………27

7 夫婦財産契約における死因贈与契約の場合……………………30

8 パートナーシップ合意契約における死因贈与契約の場合………33

第3章 死因贈与の法律

第1 死因贈与の成立………………………………………………37

1 死因贈与の定義……………………………………………………37

（1）狭義・広義の死因贈与…………………………………………37

（2）条件付契約、期限付契約………………………………………38

2 死因贈与の成立要件……………………………………………39

3 死因贈与における意思能力………………………………………44

4 遺言能力に関する規定……………………………………………46

5 方式に関する規定…………………………………………………47

6 負担付死因贈与……………………………………………………48

7 包括的死因贈与……………………………………………………56

  (1) 包括的死因贈与の可否………………………………………56

  (2) 包括的死因贈与を認めた判例………………………………56

  (3) （割合的）包括的死因贈与と共有関係の解消………………57

  (4) 包括的死因贈与と債務の移転の可否………………………57

8 未成年者との死因贈与における注意点…………………………57

  (1) 未成年者の行為能力…………………………………………57

  (2) 親権者による死因贈与契約の締結…………………………58

  (3) 利益相反行為該当性（特に負担付贈与の場合）……………58

第2 死因贈与の効力………………………………………………59

1 死因贈与の効力……………………………………………………59

  (1) 遺贈の規定の準用……………………………………………59

  (2) 遺言の効力発生時期に関する規定（民法985条）…………60

  (3) 遺贈の放棄・承認に関する規定（民法986条ないし989
条）…………………………………………………………………60

  (4) 包括受遺者に関する規定（民法990条）……………………62

  (5) 受遺者による担保請求・果実取得・費用償還に関する
規定（民法991条ないし993条）………………………………63

  (6) 遺言の効力発生以前の受遺者の死亡に関する規定（民
法994条1項）……………………………………………………64

  (7) 遺贈の無効又は失効の場合の財産の帰属に関する規定
（民法995条）……………………………………………………69

(8) 相続財産に属しない権利の遺贈に関する規定（民法
996条及び997条）、不特定物の遺贈義務者の担保責任に
関する規定（民法998条）、第三者の権利の目的である財
産の遺贈に関する規定（民法1000条）‥‥‥‥‥‥‥‥‥ 69

(9) 遺贈の物上代位等に関する規定（民法999条及び1001
条）‥‥‥‥‥‥‥‥‥‥‥‥‥‥‥‥‥‥‥‥‥‥‥‥‥‥ 70

(10) 負担付遺贈に関する規定（民法1002条1項及び1003条）‥‥‥ 71

2 負担付死因贈与の効力‥‥‥‥‥‥‥‥‥‥‥‥‥‥‥‥‥‥ 71

3 包括的死因贈与の効力‥‥‥‥‥‥‥‥‥‥‥‥‥‥‥‥‥‥ 72

(1) 概　説‥‥‥‥‥‥‥‥‥‥‥‥‥‥‥‥‥‥‥‥‥‥‥‥ 72

(2) 債務の承継‥‥‥‥‥‥‥‥‥‥‥‥‥‥‥‥‥‥‥‥‥‥ 73

第3　死因贈与の撤回‥‥‥‥‥‥‥‥‥‥‥‥‥‥‥‥‥‥ 75

1 死因贈与の撤回に関する理論‥‥‥‥‥‥‥‥‥‥‥‥‥‥‥ 75

(1) 撤回否定説‥‥‥‥‥‥‥‥‥‥‥‥‥‥‥‥‥‥‥‥‥‥ 75

(2) 撤回肯定説‥‥‥‥‥‥‥‥‥‥‥‥‥‥‥‥‥‥‥‥‥‥ 76

2 死因贈与の撤回に関する判例の考え方（最高裁判例）‥‥‥‥ 77

3 下級審の撤回否定説の判例‥‥‥‥‥‥‥‥‥‥‥‥‥‥‥‥ 81

4 下級審の撤回肯定説の判例‥‥‥‥‥‥‥‥‥‥‥‥‥‥‥‥ 85

5 判例に基づく死因贈与の撤回に関する考察‥‥‥‥‥‥‥‥‥ 92

6 判例に基づく負担付死因贈与の撤回に関する考察‥‥‥‥‥‥ 92

7 民法1026条の死因贈与への準用の有無‥‥‥‥‥‥‥‥‥‥‥ 93

(1) 準用否定説‥‥‥‥‥‥‥‥‥‥‥‥‥‥‥‥‥‥‥‥‥‥ 93

(2) 準用肯定説‥‥‥‥‥‥‥‥‥‥‥‥‥‥‥‥‥‥‥‥‥‥ 94

第4　贈与者死亡後の死因贈与の撤回‥‥‥‥‥‥‥‥‥‥ 96

1 贈与者死亡後の死因贈与の撤回の理論‥‥‥‥‥‥‥‥‥‥‥ 96

2	贈与者死亡後の死因贈与の撤回を認めた判例	98
3	贈与者死亡後の死因贈与の撤回を否定した判例	101
4	民法550条の贈与の書面に関する最高裁判例	104
5	民法550条の贈与の書面に関する判例の考察	108

第5 負担付死因贈与の解除・取消し …………………… 109

1	負担付死因贈与	109
2	負担付死因贈与の解除	110
3	負担付死因贈与の解除に関する判例	110
4	負担付死因贈与の取消し	111

第6 その他の論点 ……………………………………… 113

1	死因贈与執行者について	113
	(1) 死因贈与執行者の指定・選任	113
	(2) 死因贈与執行者の権限	122
2	死因贈与と遺産分割との関係	124
	(1) 概 説	124
	(2) 特別受益該当性	125
	(3) 死因贈与の無効・失効後の対象財産の帰趨	125
	(4) 相続放棄との関係	125
	(5) 遺留分との関係	129
3	死因贈与と預金の譲渡禁止特約との関係	132

第4章　無効な遺言の死因贈与への転換

第1　無効行為の転換の理論 ……………………………………… 137

第2　判例の検討 ……………………………………………………… 138
1　死因贈与への転換が認められた判例 ……………………………… 138
2　死因贈与への転換を否定した判例 ………………………………… 144
3　無効な遺言が死因贈与と認められるポイント ………………… 146
　(1)　無効な遺言が死因贈与の申込みと認められる場合 ……… 146
　(2)　無効な遺言が民法550条の贈与書面と認められる場合 …… 147
　(3)　受贈者の承諾 ………………………………………………… 148
　(4)　遺言者の遺言作成の背景 …………………………………… 148

第5章　死因贈与と登記

第1　死因贈与と登記 ……………………………………………… 151

第2　登記の法的効力 ……………………………………………… 151
1　登記の法的効力 ……………………………………………………… 151
2　死因贈与と対抗関係 ………………………………………………… 151
3　包括的死因贈与と対抗関係 ………………………………………… 152
4　限定承認における相続債権者との優劣 ………………………… 154

第3　仮登記手続……………………………………………158

1　死因贈与に基づく仮登記の根拠…………………………158

2　共同申請の場合……………………………………………159

  (1)　申請について…………………………………………159

  (2)　添付情報………………………………………………160

3　単独申請の場合……………………………………………161

  (1)　申請について…………………………………………161

  (2)　添付情報………………………………………………161

第4　所有権移転本登記………………………………………162

1　所有権移転本登記…………………………………………162

2　執行者の指定がない場合…………………………………163

  (1)　申請について…………………………………………163

  (2)　添付情報………………………………………………164

3　執行者の指定がある場合…………………………………164

  (1)　申請について…………………………………………164

  (2)　添付情報………………………………………………165

第5　所有権移転登記……………………………………………166

1　所有権移転登記……………………………………………166

2　執行者の指定がない場合…………………………………167

  (1)　申請について…………………………………………167

  (2)　添付情報………………………………………………168

3　執行者の指定がある場合…………………………………169

  (1)　申請について…………………………………………169

  (2)　添付情報………………………………………………170

第6章　死因贈与と税務

第1　死因贈与と税務……………………………………………… 173

第2　相続税……………………………………………………… 173

1　相続税…………………………………………………………… 173

2　相続税の概要…………………………………………………… 173

（1）　納税義務者……………………………………………… 173

（2）　課税財産………………………………………………… 177

（3）　非課税財産……………………………………………… 178

（4）　課税価格の計算………………………………………… 180

（5）　相続税の総額…………………………………………… 184

（6）　各相続人等の相続税額の計算………………………… 185

（7）　税額控除………………………………………………… 186

第3　贈与税……………………………………………………… 189

1　贈与税…………………………………………………………… 189

2　贈与税のデメリット…………………………………………… 189

（1）　課税価格の計算………………………………………… 189

（2）　基礎控除………………………………………………… 189

（3）　税　率…………………………………………………… 190

第4　不動産取得税……………………………………………… 191

1　不動産取得税…………………………………………………… 191

2　納税義務者……………………………………………………… 191

3　税　率…………………………………………………………… 191

4　税額の計算方法………………………………………………… 192

5 申告及び納付 ································· 192

第5 登録免許税 ································· 193
1 登録免許税 ································· 193
2 納税義務者 ································· 193
3 納税地 ······································· 193
4 税　率 ······································· 193
5 税額の計算方法 ··························· 194
6 納付方法 ···································· 194

第6 裁決例 ······································· 195

第7章　死因贈与と他の制度との比較

第1 死因贈与以外の選択肢 ················· 201

第2 生前贈与との比較 ······················· 201

第3 遺言（遺贈）との比較 ················· 202

第4 遺言代用信託との比較 ················· 204

第5 死後事務委任契約との比較 ············ 205

第6 死後事務委任契約についての判例 ······ 206

第8章　事業承継と死因贈与

第1　事業承継 ………………………………………………… 213

第2　事業承継対策の必要性 ………………………………… 213
1　株式の相続 …………………………………………………… 213
2　遺産分割までの株主権の行使 …………………………… 214
3　遺産分割における株式の取扱い ………………………… 218
4　事業承継対策の必要性 …………………………………… 220

第3　事業承継の類型 ………………………………………… 221

第4　事業承継における死因贈与の特徴 ………………… 222

第5　事業承継に関連する死因贈与契約の例 …………… 223

第6　経営承継円滑化法の遺留分の民法特例の合意 …… 225
1　除外合意 ……………………………………………………… 225
2　固定合意 ……………………………………………………… 226

第9章　死因贈与契約の展望
～新たな相続契約としての位置付け～

第1　相続と契約 …………………………………………………………… 229

第2　ドイツ民法 …………………………………………………………… 229
1　相続契約制度 ………………………………………………………………… 229
2　相続契約の定義・内容・効力 ……………………………………………… 230

第3　フランス民法 ………………………………………………………… 231
1　恵与分割 ……………………………………………………………………… 231
2　贈与分割 ……………………………………………………………………… 232

第4　我が国の民法による相続 ………………………………………… 233
1　ドイツ民法との対比 ………………………………………………………… 233
2　フランス民法との対比 ……………………………………………………… 234

第5　これからの死因贈与契約の展望 ……………………………… 235

索　引

○判例年次索引 …………………………………………………………………… 239

第 1 章

はじめに

2

第1 死因贈与の二面性

　民法が定める死因贈与の規定は、554条のみである。

　554条は、民法第3編第2章第2節贈与に置かれ、「贈与者の死亡によって効力を生ずる贈与については、その性質に反しない限り、遺贈に関する規定を準用する。」と定めている。

　贈与は契約であり、遺贈は単独行為であるが、死因贈与は効力の発生時が贈与者の死亡時であり、贈与財産は、相続財産から与えられるという点で遺贈に類似している。

　このように、死因贈与は、契約と遺贈との二面性を有している。

　そして、上記のように、死因贈与の規定が1条しかないため、遺贈の規定のうちどの規定を準用するかについて、明確でなく、特に死因贈与の撤回に関し、学説判例が錯綜している状況にある。

　このように、死因贈与は、契約法と相続法の狭間にあり、ある意味でいずれの分野の研究者からも重視されない、いわば忘れ去られた存在になっていたともいえる。

第2 遺言の問題点

　近年遺言の普及は目覚ましいものがある。

　日本公証人連合会の統計によると、遺言公正証書の作成件数は、平成元年が4万935件であったものが、平成28年には10万5350件と倍増以上になっている。

　自筆証書遺言の作成件数は把握できないが、家庭裁判所における自筆証書遺言の検認件数は、司法統計によれば、昭和60年には3301件であったものが、平成28年には1万7205件となり、5倍以上となっている。

このように、遺言作成件数の急増によって、今後これら遺言作成者の相続が開始され、遺言がある相続事件が増えることは間違いないであろう。

このように遺言作成件数が増加したことに対応して、遺言の問題点も出てきている。

特に、判断能力が衰えた時期に作成された遺言が多くなり、その効力が争われるケースは増加している。

遺言は、遺言者の最終意思を尊重するため、数通の遺言があり、その内容が抵触する場合には、最後の遺言が有効となる。

しかし、最後の遺言すなわち相続開始時に最も接近して作成された遺言は、遺言者の判断能力が問題となるケースが多く、また遺言能力はあるとしても、その内容の客観的合理性には、疑問を抱かざるを得ないケースも少なくない。

さらに、遺言は、生前相続人にはその内容が秘されていたり、一部の相続人だけがその内容を知っていることも多い。

そのため、相続開始後に、遺言の作成やその内容を知らなかった相続人から疑義が出ることも少なくない。

遺言の作成は、無用な相続争いを防止するためにも提唱されてきたものであるが、かえって遺言が相続争いを激化するケースも増えてきているのである。

このような遺言の弊害を防止するために、死因贈与契約を利用することが考えられてよいであろう。

第3　死因贈与の利点

死因贈与と遺贈との最大の違いは、遺贈が単独行為であるのに反し、死因贈与は契約であるということである。

契約であるから、契約時、すなわち相続開始前に、受贈者がその内容を承諾していることになる。

このことにより、受贈者は、贈与を前提とした対応、行動をすることが可能になる。

この死因贈与の利点についての最大の問題点は、死因贈与の撤回が可能かという点である。

この点についての詳細は、本書第3章をお読みいただきたいが、判例が死因贈与契約を原則として撤回可能であるとしているかどうかについては、争いがある。

しかし、死因贈与の撤回を阻む必要がある場合には、公正証書によって死因贈与契約を締結し、贈与者の撤回権を放棄することによって、これはある程度可能であると思われる。

第4　死因贈与契約の現代的利用

高齢者の介護を一部の相続人や親族がした場合に、その介護を相続に当たって考慮する制度としては、寄与分がある。

しかし、療養看護型の寄与分が認められるためには、通常の寄与を超える特別の貢献でなければならず、夫婦間の協力扶助義務や親族間の扶養義務を超える程度のものである必要がある。また、相続財産の維持形成に寄与したことが必要であるから、寄与者の療養看護により、職業看護人に支払うべき報酬等の看護費用の出費を免れたという結果が認められる必要がある。

したがって、療養看護型の寄与分が認められる可能性はかなり低い。

また、介護した相続人としなかった相続人との間で不公平感が強く、寄与分をめぐって相続人間で感情的対立が激化することも多い。

このような場合には、被相続人を介護することを負担として、相続人や親族に死因贈与契約をすることは有効であると思われる。

　負担の履行期は、被相続人の生前であるから、負担を履行するいわばお礼として被相続人自身が財産を死因贈与することは、当事者の意思に合致する形といえよう。

　また、近年相続人がいない相続や、相続人が兄弟姉妹のみの相続も増えている。このような場合に、地方自治体、学校、ＮＰＯ法人等への寄附を希望する人も多くなっている。

　しかし、遺言で不動産や書籍等の寄附をした場合には、場合によっては、寄附先がこれを受け入れず、受け入れても遺言者の考えていた利用方法と異なってしまうこともある。

　このような場合には、生前に死因贈与契約を締結することにより、受贈者の承諾の意思を明確にし、また寄附財産の利用方法等の条件を付すことも可能となる。

　さらに、近年中小企業の事業承継対策の必要性が強く叫ばれている。

　事業承継の方法は様々あるが、比較的容易で、費用もあまりかからない方法として、経営者の株式を後継者に死因贈与する方法がある。

　これは後継者が事前に承諾していることで、ステークホルダーの理解を得やすく、経営者が相続開始時まで経営権を保持できる点でもメリットがあるといえよう。

　これらは、死因贈与契約利用の一例であるが、これまでは、無効な遺言の救済として消極的に利用されることが多かった死因贈与に、新たな光をあてて、その現代的利用を検討することは意味があると思われる。そのために本書が多少でも役立つことを希望している。

第 2 章

死因贈与とは
～死因贈与の活用法～

8

第1　死因贈与とは

1　死因贈与の定義（概説）

　死因贈与とは、贈与者の死亡によって効力を生ずる贈与である（民554）。

　死因贈与は、贈与者の死後に効力が発生するため、相続対策として活用することが可能である。

　また、方式等の制限がないため、遺言が形式不備により無効とされる場合に、死因贈与が救済法理として利用されることがあり得る（いわゆる「無効行為の転換」。詳しくは、第4章を参照されたい。）。

2　死因贈与と遺言との違い（概説）

　死後の財産処分という点では、死因贈与と類似する制度として、遺言がある。

　一般的には、死後の財産処分といえば、まずは「遺言」が思いつくであろうし、「死因贈与」というのはあまりなじみがないかもしれない。それゆえ、死因贈与より遺言の方が圧倒的に多く利用されているといえる。

　一方で、死因贈与と遺言とは、死因贈与が契約であるのに対し、遺言が単独行為である点、遺言は法定の方式に従って作成する必要があるが、死因贈与には方式の定めはない点、その他、法制度や登記手続においてもいくつか違いがある（詳しくは第7章を参照されたい。）。

3　死因贈与のメリット・デメリット（概説）

　遺言と比較した場合の、死因贈与の主なメリット、デメリットは以下のような点が挙げられる。

＜メリット＞

① 死因贈与は契約であり、受贈者は承諾をする必要があるので、贈与者としては、贈与の内容を、贈与者の生前から受贈者に十分に理解してもらうことができる。

② 負担付死因贈与として、死後の財産処分に条件を付けることが可能である。贈与者としては、単に贈与をするだけではなく、贈与をする見返りとして、受贈者にしてほしい負担を定めることができる。

③ 受贈者は、贈与者の生前から、死因贈与の仮登記をすることができる。これにより、贈与者が死因贈与の対象不動産を生前に処分することを制限し、安易な死因贈与の撤回を防止する効果を期待することができる。

④ 死因贈与には方式の定めがないため、方式不備として無効になるリスクがない。

＜デメリット＞

① 相続人に対する遺贈の場合、移転登記の登録免許税が1000分の4であるが、死因贈与の場合、相続人に対するものであっても、移転登記の登録免許税が1000分の20である（登税別表1－(二)イ・ハ）。

② 死因贈与は契約であり、受贈者の承諾が必要であるので、財産処分の内容を死後まで秘しておきたいというニーズにはそぐわない。

第2　死因贈与の活用法

1　死因贈与を使う具体例

(1)　遺産を渡すに当たって、受遺者や相続人にその事実を予め知らせておきたい場合

死因贈与では、受贈者の承諾が成立要件となっているため、受贈者は必ず契約時点で、贈与の内容を知ることになる。

ケースにもよるが、事前に死後の財産処分行為を受遺者や相続人に知らせておくことは、相続開始後にトラブルを減らすことに役立つ。例えば、被相続人が相続人に何も知らせずに遺言を遺した場合、相続人としては、期待していた遺産を取得できなかったり、逆に望んでいない遺産を取得するといったことがあり得る。このようなことを避けるためには、被相続人としては、相続人と相談するなどして、事前に死後の財産処分を決めておくことが望ましい。

遺言の場合も、受遺者や相続人に対して、生前から遺言内容を公開したり、知らせたりすることは可能であるが、死因贈与の方が「承諾」が必要であるため、受贈者としてはっきりとした自覚を持ちやすいといえる。

このような場合に利用する死因贈与契約書としては、後記第3の1・2が考えられる。

(2)　遺産を渡す条件を付けたい場合（生前に世話等をしてほしい場合）

死因贈与では、死後に財産を贈与するに当たって、条件や負担を定めることが可能である。

例えば、贈与者の生前中は、受贈者に同居をしてほしい、世話をしてほしい、などが考えられる。

遺言の場合にも、条件や負担を定めることができるが、贈与者の生前に負担等を履行してほしい場合には適していないことがある。すなわち、遺言の場合には、その内容を受遺者や相続人が知らない可能性があり、遺言の内容を知らされていない受遺者や相続人が生前の条件や負担を履行することは難しい。

死因贈与の場合には、受贈者が贈与や条件、負担の内容を知ることができ、その内容に承諾することが必要であるので、受贈者が負担内容を履行する可能性が高いといえる。

また、生前に受贈者が負担を履行しない場合には、死因贈与を撤回することも可能であるから、なおさら受贈者による履行が期待できるといえる。

このような場合に利用する死因贈与契約書としては、後記第3の4・5が考えられる。

(3) 不動産である遺産について、生前に仮登記をしておきたい場合

死因贈与では、不動産について、死因贈与契約時に仮登記を設定することが可能である。仮登記を設定しておくことにより、贈与者の死後の本登記がスムーズになるとともに、贈与者としても、安易に撤回することを防止する効果がある。

仮登記を設定しても、死因贈与契約を撤回することは可能であるが、贈与者は仮登記の抹消を単独で行うことはできない。

このような場合に利用する死因贈与契約書としては、後記第3の3が考えられる。

(4) 夫婦がお互いに遺産を渡したい場合（同性婚の場合も含む）

夫婦がお互いに自分の財産を配偶者に遺したい場合に、死因贈与契約を締結することが考えられる。

第2章　死因贈与とは～死因贈与の活用法～　　13

　遺言だと、共同遺言の禁止の定めがある（民975）ため、1通で夫婦の
遺言を作ることはできず、各自が1通ずつ作成する必要がある。死因
贈与の場合には、1通で夫婦がお互いに自分の財産を配偶者に遺す旨
の死因贈与契約書を作成することが可能である。

　したがって、夫婦財産契約に死因贈与契約の内容を盛り込んだり、
パートナーシップ合意契約に死因贈与契約の内容を盛り込むといった
活用法が考えられる。

　このような場合に利用する死因贈与契約書としては、後記第3の7・
8が考えられる。

2　公正証書で作成するべきか

　死因贈与契約には、方式の定めがなく、口頭でも可能である。

　しかしながら、贈与者の死後に効力が発生するため、死後に相続人
や受遺者等の利害関係者との間で、死因贈与契約書を贈与者が作成し
たのか否かや、死因贈与契約の締結に当たり、贈与者に意思能力があ
ったか否かなどが争いになることが多い。

　このようなトラブルをできるだけ避けるためには、公正証書で死因
贈与契約書を作成することが望ましい。

　また、死因贈与契約書に基づいて仮登記を行う場合、死因贈与契約
書を公正証書で作成した場合には、登記義務者による仮登記の承諾書
及び登記義務者の印鑑証明書が不要となる。

第3　死因贈与契約の例文

1　基本的な死因贈与契約の場合

死因贈与契約書

　贈与者○○○○（以下「甲」という。）と受贈者○○○○（以下「乙」という。）とは、次のとおり死因贈与契約を締結した。

第1条（贈与の合意）
　甲は、乙に対し、甲の死亡を始期として、別紙記載の財産を贈与することを約し、乙はこれを受諾した。

第2条（死因贈与執行者）
1　甲は、以下の者を死因贈与執行者に指定する。
　　住　　　所　　○○県○○市○○町○丁目○番地
　　氏　　　名　　○　○　○　○
　　生年月日　　昭和○年○月○日
2　前項の死因贈与執行者に対する報酬は、金○円とする。

第3条（死因贈与執行者の権限等）
1　甲は、死因贈与執行者に本死因贈与の執行を依頼し、そのため必要な登記手続等一切の権限を付与する。
2　甲は、死因贈与執行者に、本死因贈与執行のため名義変更、解約及び換金等一切の処分を行う権限を付与する。また、甲名義の貸金庫・保護預り契約がある場合は、甲は死因贈与執行者に、これを開扉し、内容物を収受し、またこの貸金庫・保護預り契約を解除する権限を付与する。

第2章　死因贈与とは〜死因贈与の活用法〜　　　15

3　甲の印鑑、株式・債券等の有価証券、不動産の権利証・登記識別情報、
　預貯金・信託の証書・通帳類を保管する者は本死因贈与執行のため、
　これらを死因贈与執行者に引き渡すものとする。
4　死因贈与執行者は、甲の財産につき必要に応じて適宜換金又は引き
　出しの上、①甲が生前負担していた一切の残存債務及び甲の葬儀費用、
　②本死因贈与執行に要する費用、③死因贈与執行報酬を支払うものと
　する。

　以上のとおり、本契約が成立したので、本書を2通作成し、各自署名押
印の上、各1通を保有する。

　　平成○年○月○日
　　　　　　　　　　　　　　甲　　○○県○○市○○町○丁目○番地
　　　　　　　　　　　　　　　　　○　○　○　○　印
　　　　　　　　　　　　　　乙　　○○県○○市○○町○丁目○番地
　　　　　　　　　　　　　　　　　○　○　○　○　印

別紙　　〔省略〕

【ポイント】
　最も基本的な内容の死因贈与契約書である。
　特定の財産を列記し、それを特定の者に贈与することを内容としている
（第1条）。
　第2条において、死因贈与執行者を指定しているが、死因贈与執行者は、
遺言執行に関する民法の規定が準用され、執行に必要な一切の行為をする
権利義務を有する。
　受贈者が相続人でない場合や、受贈者が相続人であっても他の相続人が
いる場合などは、死因贈与執行の際に、相続人の協力が得られず執行が円
滑に進まないことがあり得る。死因贈与執行者を指定しておけば、他の相
続人の協力がなくとも、執行をすることが可能なことも多いため、円滑な

執行を希望する場合には、死因贈与執行者の指定をしておいた方がよい。

　第3条では、死因贈与執行者の権限等を定めている。死因贈与執行者は、執行に必要な一切の行為をする権利義務を有するため、当然の事柄ともいえるが、贈与者によく納得してもらっておいた方がよいこと、また、明確に規定されていた方が、執行時に金融機関その他の手続がスムーズにいきやすいことから、定めておく方がよい。

第2章　死因贈与とは〜死因贈与の活用法〜　　17

2　複数の者に対して、財産を換価した上包括的死因贈与を行う場合

死因贈与契約書

　贈与者○○○○（以下「甲」という。）と受贈者○○○○（以下「乙」という。）及び○○○○（以下「丙」という。）とは、次のとおり死因贈与契約を締結した。

第1条（贈与の合意）
　甲は、乙及び丙に対し、甲の死亡を始期として、別紙記載の財産を換価処分し、換価代金から、甲の全債務及び契約費用その他の換価処分に要した一切の費用を弁済した後の残金を、各2分の1ずつ贈与することを約し、乙及び丙はこれを受諾した。

第2条（死因贈与執行者）
1　甲は、以下の者を死因贈与執行者に指定する。
　　住　　　所　　○○県○○市○○町○丁目○番地
　　氏　　　名　　○　○　○　○
　　生年月日　　昭和○年○月○日
2　前項の死因贈与執行者に対する報酬は、金○円とする。

第3条（死因贈与執行者の権限等）
1　甲は、死因贈与執行者に本死因贈与の執行を依頼し、そのため必要な登記手続等一切の権限を付与する。
2　甲は、死因贈与執行者に、本死因贈与執行のため名義変更、解約及び換金等一切の処分を行う権限を付与する。また、甲名義の貸金庫・保護預り契約がある場合は、甲は死因贈与執行者に、これを開扉し、内容物を収受し、またこの貸金庫・保護預り契約を解除する権限を付与する。

3　甲の印鑑、株式・債券等の有価証券、不動産の権利証・登記識別情報、預貯金・信託の証書・通帳類を保管する者は本死因贈与執行のため、これらを死因贈与執行者に引き渡すものとする。

4　死因贈与執行者は、甲の財産につき必要に応じて適宜換金又は引き出しの上、①甲が生前負担していた一切の残存債務及び甲の葬儀費用、②本死因贈与執行に要する費用、③死因贈与執行報酬を支払うものとする。

　以上のとおり、本契約が成立したので、本書を3通作成し、各自署名押印の上、各1通を保有する。

　平成○年○月○日

　　　　　　　　　　　　甲　　○○県○○市○○町○丁目○番地
　　　　　　　　　　　　　　　　○　○　○　○　印
　　　　　　　　　　　　乙　　○○県○○市○○町○丁目○番地
　　　　　　　　　　　　　　　　○　○　○　○　印
　　　　　　　　　　　　丙　　○○県○○市○○町○丁目○番地
　　　　　　　　　　　　　　　　○　○　○　○　印

別紙　〔省略〕

【ポイント】
　複数の者に対して死因贈与をする際の利用を想定した死因贈与契約書である。

　個別の財産ごとに各相続人を指定して贈与する形の死因贈与契約書も考えられるところであるが、本契約書のように、財産を換価し、換価代金を特定の割合で贈与させるという形態の贈与契約書も考えられる。

　このように換価した上で贈与を行う場合には、円滑な執行のため、死因贈与執行者を指定しておくことが望ましい。

第2章　死因贈与とは～死因贈与の活用法～　　19

3　仮登記を行う死因贈与契約の場合

死因贈与契約書

　贈与者○○○○（以下「甲」という。）と受贈者○○○○（以下「乙」という。）とは、次のとおり死因贈与契約を締結した。

第1条（贈与の合意）
　甲は、乙に対し、甲の死亡を始期として、別紙記載の不動産（以下「本件不動産」という。）を贈与することを約し、乙はこれを受諾した。

第2条（始期付所有権移転仮登記）
　甲は、前条に基づき、本件不動産について、乙が、始期付所有権移転仮登記手続を申請することを承諾した。

第3条（死因贈与執行者）
1　甲は、以下の者を死因贈与執行者に指定する。
　　　住　　　所　○○県○○市○○町○丁目○番地
　　　氏　　　名　○　○　○　○
　　　生年月日　昭和○年○月○日
2　前項の死因贈与執行者に対する報酬は、金○円とする。

　以上のとおり、本契約が成立したので、本書を2通作成し、各自署名押印の上、各1通を保有する。

　　平成○年○月○日
　　　　　　　　　　　甲　　○○県○○市○○町○丁目○番地
　　　　　　　　　　　　　　○　○　○　○　　印

乙　　○○県○○市○○町○丁目○番地

○　○　○　○　印

別紙　〔省略〕

【ポイント】

不動産の仮登記を行うことを想定した死因贈与契約書である。

仮登記を設定しておくことにより、贈与者の死後の本登記がスムーズになるとともに、贈与者が安易に死因贈与契約を撤回することを防止する効果がある。

死因贈与の事実上の拘束力を強めたい場合などには、このような死因贈与契約書を作成することが望ましい。

なお、仮登記を申請する際、死因贈与契約書を私署証書で作成すると、登記義務者による仮登記の承諾書及び登記義務者の印鑑証明書が必要になるが、公正証書で作成すれば、これら書類は不要になるため、公正証書で作成することが望ましい。

4 負担付死因贈与契約の場合

負担付死因贈与契約書

　贈与者○○○○（以下「甲」という。）と受贈者○○○○（以下「乙」
という。）とは、次のとおり死因贈与契約を締結した。

第1条（贈与の合意）
　甲は、乙に対し、甲の死亡を始期として、別紙記載の財産を贈与する
ことを約し、乙はこれを受諾した。

第2条（乙の負担）
　乙は、前条の贈与を受けるために、本契約成立後次の負担を履行する
ことを承諾する。
　　①　甲に対し毎月○万円を贈与する。
　　②　甲に病気その他の事故があった場合、療養看護に努める。

第3条（解除）
　乙が前条の負担を履行しないときは、甲は本契約を解除することがで
きる。

第4条（死因贈与執行者）
1　甲は、以下の者を死因贈与執行者に指定する。
　　住　　　所　　○○県○○市○○町○丁目○番地
　　氏　　　名　　○　○　○　○
　　生年月日　　昭和○年○月○日
2　前項の死因贈与執行者に対する報酬は、金○円とする。

第5条（死因贈与執行者の権限等）

1　甲は、死因贈与執行者に本死因贈与の執行を依頼し、そのため必要な登記手続等一切の権限を付与する。

2　甲は、死因贈与執行者に、本死因贈与執行のため名義変更、解約及び換金等一切の処分を行う権限を付与する。また、甲名義の貸金庫・保護預り契約がある場合は、甲は死因贈与執行者に、これを開扉し、内容物を収受し、またこの貸金庫・保護預り契約を解除する権限を付与する。

3　甲の印鑑、株式・債券等の有価証券、不動産の権利証・登記識別情報、預貯金・信託の証書・通帳類を保管する者は本死因贈与執行のため、これらを死因贈与執行者に引き渡すものとする。

4　死因贈与執行者は、甲の財産につき必要に応じて適宜換金又は引き出しの上、①甲が生前負担していた一切の残存債務及び甲の葬儀費用、②本死因贈与執行に要する費用、③死因贈与執行報酬を支払うものとする。

　　以上のとおり、本契約が成立したので、本書を2通作成し、各自署名押印の上、各1通を保有する。

　　平成○年○月○日

　　　　　　　　　　　　甲　　○○県○○市○○町○丁目○番地

　　　　　　　　　　　　　　　○　○　○　○　印

　　　　　　　　　　　　乙　　○○県○○市○○町○丁目○番地

　　　　　　　　　　　　　　　○　○　○　○　印

別紙　〔省略〕

第2章　死因贈与とは〜死因贈与の活用法〜　　23

【ポイント】

　毎月一定額の贈与と、病気等の場合における療養看護を負担とした死因贈与契約書の作成例である。

　贈与者として、単に死因贈与を行うのではなく、受贈者に一定の負担をしてもらうことを希望している場合には、この種の死因贈与契約書を作成することが考えられる。

　上記の作成例では、毎月一定額の贈与と、病気等の場合における療養看護を負担内容としているが、このような例以外にも、自身の死後に残された者（ペットなどを含む。）を扶養すること、自身の死後に葬儀・供養を執り行うこと、自身の死後に墓を維持すること、自身の死後に特定の団体に寄附することなど、様々な負担内容が考えられる。

　第3条において、生前に受贈者が負担を履行しない場合の、死因贈与の解除を定めている。ただし、負担は条件ではないため、仮に受贈者が負担を履行していなくとも、贈与者が解除しなかった場合、直ちに死因贈与が無効になるということはない点には留意が必要である。

5 負担付死因贈与契約（相続人である子の配偶者に介護を依頼する）の場合

負担付死因贈与契約書

贈与者○○○○（以下「甲」という。）と受贈者○○○○（以下「乙」という。）とは、次のとおり死因贈与契約を締結した。

第1条（贈与の合意）
　甲は、乙に対し、甲の死亡を始期として、別紙記載の財産を贈与することを約し、乙はこれを受諾した。

第2条（乙の負担）
　乙は、前条の贈与を受けるために、本契約成立後、甲が死亡するまで、同人と同居し、介護することを承諾する。

第3条（解除）
　乙が前条の負担を履行しないときは、甲は本契約を解除することができる。

第4条（死因贈与執行者）
1　甲は、以下の者を死因贈与執行者に指定する。
　　住　　所　　○○県○○市○○町○丁目○番地
　　氏　　名　　○　○　○　○
　　生年月日　昭和○年○月○日
2　前項の死因贈与執行者に対する報酬は、金○円とする。

第5条（死因贈与執行者の権限等）
1　甲は、死因贈与執行者に本死因贈与の執行を依頼し、そのため必要な登記手続等一切の権限を付与する。

第2章　死因贈与とは〜死因贈与の活用法〜　　25

2　甲は、死因贈与執行者に、本死因贈与執行のため名義変更、解約及び換金等一切の処分を行う権限を付与する。また、甲名義の貸金庫・保護預り契約がある場合は、甲は死因贈与執行者に、これを開扉し、内容物を収受し、またこの貸金庫・保護預り契約を解除する権限を付与する。

3　甲の印鑑、株式・債券等の有価証券、不動産の権利証・登記識別情報、預貯金・信託の証書・通帳類を保管する者は本死因贈与執行のため、これらを死因贈与執行者に引き渡すものとする。

4　死因贈与執行者は、甲の財産につき必要に応じて適宜換金又は引き出しの上、①甲が生前負担していた一切の残存債務及び甲の葬儀費用、②本死因贈与執行に要する費用、③死因贈与執行報酬を支払うものとする。

　　以上のとおり、本契約が成立したので、本書を2通作成し、各自署名押印の上、各1通を保有する。

　　平成○年○月○日

　　　　　　　　　　甲　　○○県○○市○○町○丁目○番地
　　　　　　　　　　　　　　○　○　○　○　印
　　　　　　　　　　乙　　○○県○○市○○町○丁目○番地
　　　　　　　　　　　　　　○　○　○　○　印

別紙　〔省略〕

【ポイント】
　相続人である子の配偶者に介護を依頼する場合を想定した死因贈与契約書の例である。
　介護を、相続人である子だけではなく、その配偶者が担うことも多いと思われる。

相続人の配偶者が被相続人の介護等をした場合、その貢献が民法904条の2の寄与分と認められるかは、かなり難しい。

寄与分は、相続人が特別の寄与をした場合に認められるので、相続人の配偶者の寄与を相続人自身の寄与とみなせるかが問題となる。なお、相続分野に関する改正民法では、相続人以外の者の療養看護にも寄与分を認めることが含まれている。

また、介護の程度によっては特別の寄与と認められない場合も多い。

そこで、贈与者が、介護をしてくれる相続人の配偶者に報いたいとの意向がある場合には、この種の契約書を締結することが考えられる。

また、被相続人の子の配偶者は、民法903条1項の共同相続人ではないので、原則としてこの配偶者に対する贈与は特別受益に該当しない。この点からもこの負担付死因贈与のメリットがある。

6 未成年者への死因贈与契約の場合

死因贈与契約書

　贈与者○○○○（以下「甲」という。）と受贈者○○○○（以下「乙」という。）とは、次のとおり死因贈与契約を締結した。

第1条（贈与の合意）

1　甲は、乙に対し、甲の死亡を始期として、別紙記載の財産を贈与することを約し、乙はこれを受諾した。

2　甲は、前項の贈与対象となる財産について、乙の親権者には管理させず、以下の者を管理者に指定する。

　　　　住　　　所　　○○県○○市○○町○丁目○番地

　　　　氏　　　名　　○　○　○　○

　　　　生年月日　　昭和○年○月○日

第2条（死因贈与執行者）

1　甲は、以下の者を死因贈与執行者に指定する。

　　　　住　　　所　　○○県○○市○○町○丁目○番地

　　　　氏　　　名　　○　○　○　○

　　　　生年月日　　昭和○年○月○日

2　前項の死因贈与執行者に対する報酬は、金○円とする。

第3条（死因贈与執行者の権限等）

1　甲は、死因贈与執行者に本死因贈与の執行を依頼し、そのため必要な登記手続等一切の権限を付与する。

2　甲は、死因贈与執行者に、本死因贈与執行のため名義変更、解約及び

換金等一切の処分を行う権限を付与する。また、甲名義の貸金庫・保護預り契約がある場合は、甲は死因贈与執行者に、これを開扉し、内容物を収受し、またこの貸金庫・保護預り契約を解除する権限を付与する。

3　甲の印鑑、株式・債券等の有価証券、不動産の権利証・登記識別情報、預貯金・信託の証書・通帳類を保管する者は本死因贈与執行のため、これらを死因贈与執行者に引き渡すものとする。

4　死因贈与執行者は、甲の財産につき必要に応じて適宜換金又は引き出しの上、①甲が生前負担していた一切の残存債務及び甲の葬儀費用、②本死因贈与執行に要する費用、③死因贈与執行報酬を支払うものとする。

　　以上のとおり、本契約が成立したので、本書を2通作成し、各自署名押印の上、各1通を保有する。

　　平成○年○月○日

　　　　　　　　　　　　甲　　○○県○○市○○町○丁目○番地
　　　　　　　　　　　　　　　　○　○　○　○　印
　　　　　　　　　　　　乙　　○○県○○市○○町○丁目○番地
　　　　　　　　　　　　　　　　○　○　○　○　印

別紙　〔省略〕

【ポイント】

　離婚した相手が子の親権者という場合に、子には贈与をしたいものの、離婚相手には贈与した財産の管理を任せたくないということがあり得る。

　このようなケースにおいて、作成が考えられる死因贈与契約書である。

　民法830条1項は、「無償で子に財産を与える第三者が、親権を行う父又は母にこれを管理させない意思を表示したときは、その財産は、父又は母の

第2章　死因贈与とは〜死因贈与の活用法〜　　29

管理に属しないものとする。」と定めており、契約書1条2項はこれに対応した規定である。

　また、民法830条2項は、「前項の財産につき父母が共に管理権を有しない場合において、第三者が管理者を指定しなかったときは、家庭裁判所は、子、その親族又は検察官の請求によって、その管理者を選任する。」と定め、管理者の指定を想定しており、契約書1条2項はこれに対応している。

　「未成年者が法律行為をするには、その法定代理人の同意を得なければならない。ただし、単に権利を得、又は義務を免れる法律行為については、この限りでない。」（民5①）。未成年者が死因贈与を承諾する法律行為は、未成年者が権利を得るだけの法律行為なので、親権者の同意を得ないで、贈与者と未成年者だけで契約を締結することができる。

7　夫婦財産契約における死因贈与契約の場合

夫婦財産契約書

　○○○○（以下「甲」という。）と○○○○（以下「乙」という。）とは、婚姻をするに際して、以下のとおり夫婦財産契約を締結する。

第1条（特有財産）
　甲及び乙は、以下の財産が、各自の特有財産であり、その管理、使用、収益、処分は、各自の自由であることを確認する。
　①　各自がそれぞれ婚姻前から有する財産
　②　各自がそれぞれ婚姻前から有する財産から得る利息、配当、賃料等の果実
　③　各自が、第三者から、贈与、遺贈、相続により取得する財産

第2条（夫婦の共有財産）
1　所有権が甲又は乙のいずれに帰属するかが不明の財産については、協議によりその帰属をいずれにするかを決定するものとし、協議がない場合及び協議が不調の場合は共有財産とする。
2　共有財産は、甲及び乙がこれを使用収益することができる。

第3条（婚姻費用の負担）
　日常の生活費用、車両の維持費、社会保険、生命・損害保険、子の監護養育費用、その他の婚姻費用は、夫婦双方の資産や収入の割合などにより、合理的に決定し負担する。

第2章　死因贈与とは～死因贈与の活用法～　　31

第4条（債務の負担）
1　婚姻中の日常の家事に係る債務については、前条の婚姻費用の負担
　割合により甲及び乙が連帯して負担するものとする。
2　前項以外の債務はそれぞれの個別債務とし、当事者の特有財産から
　これを弁済し、他方はその責を負わない。

第5条（死因贈与）
　甲及び乙は、一方の死亡を始期として、一方の有する全ての財産を、
他方に贈与することを相互に約する。

第6条（契約の登記）
　本契約は婚姻届提出以前に、法務局で登記を行う。

　以上のとおり、本契約が成立したので、本書を2通作成し、各自署名押
印の上、各1通を保有する。

　　平成○年○月○日

　　　　　　　　　　　　　　　甲　　○○県○○市○○町○丁目○番地
　　　　　　　　　　　　　　　　　　○　○　○　○　印
　　　　　　　　　　　　　　　乙　　○○県○○市○○町○丁目○番地
　　　　　　　　　　　　　　　　　　○　○　○　○　印

【ポイント】
　夫婦財産契約を締結する際に、婚姻中の財産に関する取決めだけではな
く、お互いの死後の財産処分に関しても、死因贈与契約という形で、契約書
に盛り込むことが考えられる。
　遺言だと、共同遺言の禁止の定めがあるため、夫婦財産契約書に盛り込

むことはできないが、死因贈与契約であれば、1通で作成することが可能であるため、夫婦財産契約書に条項を盛り込むことが可能である。

　なお、夫婦財産契約書の内容は、登記されるため、死因贈与の内容が登記されることに抵抗がある場合には、死因贈与契約の部分だけ、別の契約書として作成することも考えられる。

第2章　死因贈与とは～死因贈与の活用法～　　33

8　パートナーシップ合意契約における死因贈与契約の場合

パートナーシップ合意契約公正証書

　本職は、平成○年○月○日、○○○○（以下「甲」という。）及び○○
○○（以下「乙」という。）の嘱託により、次の法律行為等に関する陳述
を録取し、この証書を作成する。

第1条
　甲及び乙は、渋谷区男女平等及び多様性を尊重する社会を推進する条
例に基づく「パートナーシップ証明」の取得に当たり、両名の共同生活
に関し、以下のとおり合意する。

第2条
1　甲及び乙は、愛情と信頼に基づく真摯な関係にあることを確認する。
2　甲及び乙は、将来にわたるパートナーとしての意思が揺るぎないも
　のであることを互いに誓約する。

第3条
　甲及び乙は、同居し、共同生活において互いに責任を持って協力し、
及びその共同生活に必要な費用を分担する義務を負うものとする。

第4条
　甲及び乙は、一方の死亡を始期として、一方の有する全ての財産を、
他方に贈与することを相互に約する。

第5条
1　甲及び乙は、合意により本契約を終了させることができる。

2 甲又は乙は、他方が本契約条項に違反した場合その他本契約を継続
し難い事由がある場合は、相手方に対する意思表示により、本契約を
解除することができる。
3 甲又は乙は、本契約が解除された場合は、速やかに渋谷区長にパート
ナーシップの解消を届け出なければならない。

以上

※「渋谷区パートナーシップ証明合意契約公正証書の文例サンプル〔基本型〕」
を基に作成した。

【ポイント】

パートナーシップ合意契約を締結する際に、共同生活上の取決めだけで
はなく、お互いの死後の財産処分に関しても、死因贈与契約という形で、契
約書に盛り込むことが考えられる。

遺言だと、共同遺言の禁止の定めがあるため、パートナーシップ合意契
約書に盛り込むことはできないが、死因贈与契約であれば、1通で作成する
ことが可能であるため、パートナーシップ合意契約書に条項を盛り込むこ
とが可能である。

第 3 章

死因贈与の法律

36

第1　死因贈与の成立

1　死因贈与の定義

(1)　狭義・広義の死因贈与

民法上の死因贈与の定義としては、死因贈与とは、「贈与者の死亡によって効力を生ずる贈与」と定められている（民554）。

学説上、死因贈与について、狭義の死因贈与と広義の死因贈与との二つに分別する見解がある（例えば、岡林伸幸「死因贈与の撤回（遠藤美光先生・小賀野晶一先生退職記念号）」160頁・161頁（千葉大学法学論集、2015））。すなわち、「受贈者が贈与者よりも長生きすることを前提とする贈与」という制約を加えたものを「狭義の死因贈与」とする考え方である。柚木馨＝高木多喜男編『新版注釈民法(14)』69頁・70頁〔柚木馨・松川正毅〕（有斐閣、1993）において、「本来の意味における死因贈与」は、実質上贈与者が死んではじめて受贈者が権利を取得し、贈与者の生前にはなんらかの権利を受贈者に発生せしめないものをいい、受贈者が贈与者の死亡以前に死亡したときはその効力を生じないと記述されているが、この「本来の意味における死因贈与」と呼ばれるものは、前記の「狭義の死因贈与」といわれているものと同じである。

これに対して、「広義の死因贈与」とは、「贈与者の死亡によって効力を生ずる贈与」の全てを含むものである（岡林・前掲160頁）。柚木＝高木・前掲69頁には、「生前贈与のうち、その効力の発生が死亡時という法律行為」が民法554条のいう「いわゆる死因贈与」であると記述されているが、この「いわゆる死因贈与」と呼ばれているものは、前記の「広義の死因贈与」といわれているものと同じである。

ドイツ民法には、「受贈者が贈与者より長生きすることを条件としてなされたる贈与契約には死後処分に関する規定を適用する」旨の定

めがある（ドイツ民法2301条）（末弘厳太郎「死因贈与ニ就テ」法学新報26巻
4号31頁・32頁（1916））。しかし、我が民法の554条は「贈与者の死亡によ
って効力を生ずる贈与」と定めており、特に「受贈者が贈与者より長
生きすることを条件としてなした贈与」との限定をしていないもので
ある。したがって、死因贈与について前述の狭義、広義の死因贈与と
の仕分を行なうとしても、我が民法554条による死因贈与には、狭義の
死因贈与のみに限定されず、広義の死因贈与の全てが含まれているも
のと解される。

（2）　条件付契約、期限付契約

死因贈与契約は、贈与者の死亡を始期とする期限付であるのか、贈
与者の死亡を法定条件とする条件付の契約であるのかが問題となる。

我妻栄『債権各論中巻一（民法講義V₂）』238頁（岩波書店、1973）に
は、死因贈与は、「贈与者が死亡することを（法定）条件として効力を
生じる契約である」旨の記述がある。しかし、「贈与者が死亡するこ
と」は時期の早い遅いの差はあるとしても、必ず、いつかは到来する
ものであるから、理論上は、条件の成就ではなく、不確定期限の到来
というべきである。我妻栄博士が、贈与者が死亡することを（法定）
条件として効力を生ずる契約と述べたのは、ドイツ民法のように、死
因贈与について、「受贈者が贈与者より長生きすることを条件として
なしたる贈与契約」という定めがある場合には、受贈者が贈与者より
長生きするかどうかの結果の実現は、不確定な事柄であるので、法定
条件（さらに詳しくいえば、贈与者が死亡した時点で、受贈者が生存
していることを停止条件とするもの）が付されたるものと解されるこ
とに影響を受けたものと考えられる。しかし、我が民法の554条（死因
贈与）についての説明として、「贈与者の死亡」を法定条件とすること
は不正確であると考える。したがって、我が民法554条の死因贈与の
解釈としては、普通一般の死因贈与契約の場合、贈与者の死亡を始期

とする期限付契約とみるべきである。なお、もちろん死因贈与契約についても契約自由の原則が適用されるから、贈与者死亡の際に受贈者が生存している場合のみ、その効力を生ずる旨を特約していることもあり得る。その場合は、贈与者死亡の際に受贈者が生存していることを停止条件として、死因贈与の効力を生じさせるとの停止条件付契約として、合意しているものと解される。

上記のとおり我が民法554条による死因贈与契約一般については、贈与者の死亡を始期として効力を生ずる贈与契約であると解するべきである。

2 死因贈与の成立要件

死因贈与の成立には①贈与者の贈与の意思表示、②受贈者の承認の意思表示が必要である。

死因贈与契約の成立が争われる事例は、①贈与者の贈与の意思の有無、②受贈者の承諾の有無が争点となる事案がほとんどである。

以下、判例で、死因贈与の成立が争われた事案について、述べる。

まず、遺言書としては自筆証書遺言の要式を欠くもので無効であるとしても、死因贈与の意思は明らかであるとして、死因贈与契約の成立を認めた判例として次の判決がある。

○東京地裁昭和56年8月3日判決（判時1041・84）
＜事案の概要＞
　Xは、Aの妻死亡後Aと知り合い、交際するようになり、Aの自宅にて炊事、洗濯などの世話をし、Aの入院中も付添看護をするような交際を継続し、入籍する話も出たこともあった。Aは、再度、入院していた際、Xの献身的な看護等に感謝し、死後に遺産の一部をXに贈与したいと考えるようになり、「YとXと2人で半分づつな」と読み取れる書面を病院関係者に預け、病院の手文庫に保管してもらっていた。

第3章　死因贈与の法律

＜判　旨＞

　本書面の記載内容及び作成されるに至った経緯について認定した事実を加えて判断すれば仮に本件遺言書が自筆証書遺言としての要式性を欠くものとして、無効であるとしても、Aが自分（A）が死亡した場合には自分の財産の2分の1をXに贈与する意思を表示したものであり、Xはこの申し出を受け入れたものであると認めるのが相当である。

＜解　説＞

　遺言として無効であっても、死因贈与契約は成立しており、死因贈与としての効力は存在するとされた事例の1つである。詳しくは、**第4章**を参照されたい。死因贈与契約の成立が認められた事例としても意義がある。

　贈与者よりも先に受贈者が死亡した場合にも、死因贈与契約は有効に成立しているとして、受贈者の相続人に財産の取得が認められた判例として、次の判決がある。

○水戸地裁平成27年2月17日判決（判時2269・84）

＜事案の概要＞

　Aには、三人の息子X₁、X₂、Bがいた。Aの夫Cは平成3年9月3日に死亡し、同年12月16日A、X₁、X₂、BはCの遺産分割協議書を作成した。その後、Aは、同年12月18日付で「遺言の事」と題するX₁、X₂、B宛の書面（以下「本件書面」という。）を作成し、本件書面には、Aのほか、X₁、X₂、Bも署名捺印した。本件書面には、「1. Bに○○町二丁目の土地（以下「本件土地」という。）をゆずります。2. X₁へ金1000万円をゆずります。△△村の畑地をゆずります。3. X₂へ□□町の土地・家をゆずります。」との記載がなされていた。Bは、平成12年9月から本件土地の一部を駐車場にして他人に貸し、賃料収入を得ていたが、BはAに先立って平成20年11月29日に死亡し、Bの遺産は、その妻Y₁、子であるY₂、Y₃が相続した（なお、本件土地については、Y₃が相続する旨の遺産分割協議が成立した）。Aは、Bの死亡した3日後である平成20年12月2

第3章　死因贈与の法律　　41

日に死亡した。

　X₁、X₂は、Y₁、Y₂、Y₃に対し、本件土地は、Aの所有する土地であり、その土地での駐車場賃料を相続分に応じて支払うよう求める請求訴訟を提起した。Y₁、Y₂、Y₃は本件書面によりBはAより本件土地の贈与を受けており、仮にそうでないとしても、使用貸借契約を締結しているので、Xらの請求は理由がないとして、請求棄却を求めた。

　また、Y₃は本件土地をBから相続したとして、主位的に贈与契約（A・B間）に基づき、予備的に死因贈与契約（A・B間）に基づき、X₁、X₂に対し、本件土地の移転登記手続を求める反訴請求を提起した。

＜判　旨＞

　Aが本件書面によりBに対し直ちに本件土地を贈与する趣旨であったとは言い難い。むしろ、Aの亡夫たるCの遺産分割協議書の内容を踏まえて、Cの遺志を再確認し、A名義の本件土地をBに、□□町の土地建物をX₂に、1000万円をX₁にそれぞれ贈与する旨の死因贈与契約を締結したものと認められる。

　そして、AとBは、本件土地全部についてBを使用借主とする黙示の使用貸借契約を締結したものと認められるとして、Xらの本訴請求を棄却した。

　また、AとBが本件書面により本件土地死因贈与契約を締結し、X₁、X₂がそれを事実上承認したものである。

　したがって、Y₃の本件土地死因贈与契約に基づく本件土地所有権移転登記手続を求める反訴請求は理由があるとして、反訴請求を認容した。

　なお、上記判決の判決理由中の「争いのない事実等」の欄に、「本件土地は、本件書面により、A死亡後にBないしその代襲相続人であるY₁らが相続すべきAの遺産である（争いがない）」と記されている。

＜解　説＞

　本件では、受贈者Bが贈与者Aより3日前に死亡したが、その場合でも、死因贈与契約自体は有効に成立しているとされたものである。その場合に、受贈者の相続人に財産の取得が認められた事例として注目される。

　また、その判断の前提として、「本件土地は本件書面によりA死亡後にBないしその代襲相続人が相続すべきAの遺産である」ことについて、

当事者間に争いがないと記されている。仮に、当事者間に、その点について争いがあった場合には、判決の結論にどのような影響を及ぼしたのかも興味深いものである。

なお、本件は、死因贈与契約について民法994条1項の準用を否定した事例としての意義も有するので、その点については、**第2の1(6)の【準用を否定した判例】**を参照されたい。

受贈者が原告となり、贈与者の相続財産管理人を被告として、贈与者と受贈者との間で贈与者の全相続財産につき死因贈与契約が成立したことの確認を求める訴訟を提起し、その請求が認められた判例として次の判決がある。

○東京地裁平成27年8月13日判決（平26（ワ）34206）

＜事案の概要＞

　A（姉）とB（妹）は、姉妹であり、一戸建て住宅に二人で居住していた。AとBはお互いの他に相続人がいなかったため、一方が死亡した場合には、他方に全財産を相続させる旨の公正証書遺言を作成していた。

　Bは平成25年11月27日に90歳で死亡した。

　Aは平成25年12月28日に95歳で死亡した。

　Cは、亡Aの相続財産管理人の選任請求をし、Y（弁護士）が裁判所において亡Aの相続財産管理人に選任された。

　Xは、亡Aの相続財産管理人Yに対し、亡Aから全ての財産を譲り受けている旨を通知した。

　そして、XはYに対し、Xと亡A間で亡Aの全相続財産につき死因贈与契約が成立したことの確認を求める訴訟を提起した。

　Yは、Xは特定された財産についての給付訴訟を提起するべきで、確認の利益を欠くとして、訴の却下を求めるとともに、Xが亡Aから全財産について死因贈与を受けたという事実についても争い、請求棄却を求めた。

第3章　死因贈与の法律　　43

＜判　旨＞

　Xは、亡Aの相続財産の詳細を把握していないため、個々の給付請求をしたとしても、本件の法律上の紛争を解決することにならない。本件訴訟より亡Aの全財産につき、死因贈与契約が成立するか否かを確定することが、当該法律上の紛争解決のために必要かつ適切と認められるので、本件訴訟は確認の利益がある。

　Xと亡A、亡B間には何十年にもわたり家族同様の親しい交流があったこと、Xは、亡Aらを気遣い、定期的に訪問して、身の回りの世話をしてきたこと、亡A及び亡Bには子供がいなかったこと、Xが本件メモ（亡B及び亡A名義の預金があると思われる銀行名や概要が記載されていた。）、亡A、亡Bの通帳等を所持していることに鑑みれば、亡AがXに対し、本件メモや通帳、銀行印、実印、印鑑証明カード、貸金庫の鍵などを交付し、自身の死後に使うよう告げたことを推認することができる。加えて、亡AがXに渡したものは、通帳、銀行印、実印、印鑑証明カード、貸金庫の鍵、年金手帳、介護保険被保険者証など多岐にわたっていることからすれば、亡AはXに対して、自身の全相続財産を贈与する意図であったと推認できる。

　そして、Xは、上記事情を認識した上で、本件メモや通帳等を受領しているのであり、平成25年9月9日、遅くとも、平成25年12月13日には、亡AとXとの間で亡Aの全相続財産について死因贈与契約が成立したと認めることができるとして、Xの請求を全て認容した。

＜解　説＞

　受贈者が原告となり、贈与者の相続財産管理人を被告として、贈与者の全相続財産につき死因贈与契約が成立していることの確認請求をなし、それが全面的に認容された事例として、実務上も大変注目されるものである。

　また、死因贈与契約については、いわゆる贈与契約書といえるような明確な書面はなく、預金についての銀行名、預金の概要について書かれたメモ、及び通帳、銀行印、実印、印鑑証明カード、貸金庫の鍵、年金手帳、介護保険被保険者証等を交付されたこと、贈与についての口頭合

意の経緯、受贈者、贈与者間の交流その他を総合考慮して、包括的な死因贈与契約の成立を認めたものであって、事例の先例的意義は大きいものといえる。

3　死因贈与における意思能力

　上述のとおり、死因贈与は、贈与者の死亡によって贈与の効力を生ずる契約である。契約は、契約当事者双方の意思表示の合致により、その効力を生じる法律行為であって、贈与者の意思表示について意思能力が存在することが、契約の有効性についての前提となる。意思能力とは、自分の行為の結果を判断することのできる精神的能力をいい、「各個人は原則として自己の意思に基づいてのみ権利を取得し、または義務を負担する」という近代法の根本原理に基づき、意思能力を欠く法律行為が無効であることは、民法に直接的な規定はないが、当然のことと考えられている（我妻栄『新訂民法総則（民法講義Ⅰ）』60頁・61頁（岩波書店、新訂版、1965））（大判明38・5・11民録11・706）。

　贈与者に意思能力があったか、なかったかが争点となり、贈与者に意思能力がなかったとはいえないとして、死因贈与契約が有効と判断された判例として次の判決がある。

○東京地裁平成22年7月13日判決（判時2103・50）
＜事案の概要＞
　亡父（A）と子のうち1名（Y）との間で公正証書による負担付死因贈与契約が締結されたが、Y以外の子ら（Xら）は、契約当時、Aは認知症により意思能力を欠く状態であったとして、その契約の無効確認等をYに対し請求したものである。
　Xらは、当時、Aは認知症であったこと、Aは生前Yと不仲であり、財産を子らに平等に相続させると述べていたこと、本件公正証書及びそ

第3章　死因贈与の法律　　45

の前後に作成された書面の署名が不揃いであること等により、Aは意思
能力を欠いた状態であったと主張した。

　Yは、公証人がAの意思を確認した上で負担付死因贈与契約の公正証
書を作成したこと、Aの主治医も当時Aには意思能力があったという意
見を述べていること、Yとその妻がAとその妻の介護等をしており、A
にはYのみに財産を贈与させる動機があったと主張した。

＜判　旨＞

　①Aは、当時認知症ではあったが、相手の話を理解して会話が成り立
つこともあれば、相手の話を理解することができないときもあるという
波のある状態にあったとAの主治医が供述しており、Aが常に意思能力
を欠く状態にあったとは認められないこと、②公証人は、公正証書作成
に際しAの意思能力に問題がないと確認したこと、③Aは、公正証書の
作成時、対象物件の住居表示と登記簿上の記載について指摘したし、押
印する印鑑が実印かどうかを気にしていたこと、④YとAが絶縁状態に
あることを認めるに足る証拠はなく、他方でYとその妻がAの入院手続
や入院中の見舞いをなし、同妻と看護師との間でAの退院後の居住場所
などについて話合いがなされていたことに照らすと、AがYに対して財
産を贈与する動機がなかったとまでは認められないこと、⑤本件贈与契
約の契約書ないしその前後に作成された書面のAの筆跡につき違いがあ
ることをもってAの意思能力を欠いていたとまでは認められないことな
どにより、本件贈与契約締結当時、Aに意思能力がなかったと認めるこ
とはできないと判断し、Xらの負担付死因贈与契約の無効確認請求につ
いて請求を棄却した。

＜解　説＞

　認知症等により意思能力の有無が問題となって公正証書による遺言の
効力が争われた例は多くあるが、上記は公正証書による死因贈与契約に
ついて意思能力が問題となった事案である。認知症の症状程度、進行状
況、書面作成の際の言動、行為の動機等が検討されて、意思能力がなか
ったと認めることはできないとして、死因贈与契約が有効であると認め
られた事例である。

4 遺言能力に関する規定

　民法554条（死因贈与）は「贈与者の死亡によって効力を生ずる贈与については、その性質に反しない限り、遺贈に関する規定を準用する」旨を定めている。その準用される範囲は遺贈の効力に関する規定に限るべきであるとするのが通説となっている（我妻栄『債権各論中巻一（民法講義V₂）』231頁（岩波書店、1973））。すなわち、遺贈が単独行為であることに基づく規定は、死因贈与には準用すべきではなく、遺言の能力（民961・962）、方式（民967以下）、承認・放棄（民986〜990）に関する規定は準用されず、これに反し、遺言の効力に関する規定（民985以下。ただし、民986〜990を除く。）は準用されるとするものである。

　したがって、民法は、遺言能力に関し、民法961条「15歳に達した者は、遺言をすることができる」、同962条「第5条〔未成年者の法律行為〕、第9条〔成年被後見人の法律行為〕、第13条〔保佐人の同意を要する行為等〕及び第17条〔補助人の同意を要する審判等〕の規定は、遺言については、適用しない」、とそれぞれ定めているが、これら遺言能力に関する規定は、遺贈が単独行為であることに基づく規定であって、契約である死因贈与については準用されないと解されており、この結論には異論がないものとされている（我妻・前掲237頁、柚木＝高木・前掲71頁）。

　よって、死因贈与契約における贈与者の意思表示については、贈与者が未成年である場合は、法定代理人の同意を得なければこれを取り消すことができる（民5①②）。また、贈与者が成年被後見人である場合には、その行為を取り消すことができるし（民9）、また、贈与者が被保佐人である場合には、保佐人の同意を得ないでなされた行為について原則として取り消すことが可能となる（民13①④）。さらには、贈与者が被補助人である場合には、家庭裁判所は、補助人、補助監督人の請求により、被補助人の特定の行為につき、補助人の同意を要するとの

第3章　死因贈与の法律　　47

審判をすることができ、その審判において死因贈与行為がこれら補助
人の同意を要する行為とされているときは、補助人の同意なくしてな
された死因贈与行為を取り消すことができる（民17①④）。

5　方式に関する規定

　遺贈の方式に関する規定（民968以下）は、遺贈が単独行為であること
に基づく規定であって、死因贈与には準用されないと解されている（通
説。前述4参照）。すなわち、方式に関して、死因贈与は、契約として
通常の贈与の原則に従うものであって、遺言の方式に関する規定は準
用されない。遺言の特別な方式は、遺言が単独行為であることと結合
してのみ理解できるとされるものである（柚木＝高木・前掲72頁）。

　したがって、民法上、贈与契約は諾成契約とされているから、書面
によらないで口頭による合意（意思表示の合致）によっても死因贈与
契約を成立させることができる。また、文書によって死因贈与契約を
結んだ場合でも、遺言とは異なり、死因贈与に関する文書について家
庭裁判所の検認手続も不要である。さらには、共同遺言の禁止（民975）
の制限もないので、2人以上の者が同一の書面にて死因贈与の合意を
することもできる。

　死因贈与の方式について遺贈に関する規定が準用されるかが争点と
なり、死因贈与の方式については遺贈に関する規定の準用がないとさ
れた判例として次の判決がある。

○最高裁昭和32年5月21日判決（民集11・5・732）
＜事案の概要＞
　X（一審原告）は不動産（以下、本件不動産という。）を所有し、そこ
に居住していたが、本件不動産が競売となり、Y（一審被告）の元養父
（A）が競落して本件不動産の所有権を取得した。Aは自らが死亡した

ときは、Xに対し本件不動産を贈与することを約していた。その後Aが死亡し、Aの（本件不動産を含む）財産は、Bが相続したが、Bもまた死亡し、結局Bの相続人たるYが相続取得した。そこで、XはYに対し、本件不動産につき死因贈与による所有権移転登記手続を請求した。Yは死因贈与も遺言の方式に関する規定に従うべきであるとし、本件死因贈与は遺言の方式に関する規定に従っていないので、死因贈与は効力がないと主張した。一審はXの請求を棄却したが、二審は一審判決を取り消し、Xの所有権移転登記手続請求を認容した。そこで、Yは上告申立てした。

＜判　旨＞

民法554条の規定は贈与者の死亡によって効力を生ずべき贈与契約（いわゆる死因贈与契約）の効力について遺贈（単独行為）に関する規定に従うべきことを規定しただけで、その契約の方式については遺言の方式に関する規定に従うべきことを定めたものではないので、Yの主張には理由がないとして、Yからの上告申立てを棄却した。

＜解　説＞

死因贈与の方式については、遺贈に関する規定は準用されないことを明確に判示した最高裁判決であって、重要な判決といえる。

6　負担付死因贈与

負担付贈与とは、受贈者が一定の給付をする債務を負担する贈与をいい（我妻・前掲233頁、柚木＝高木・前掲37頁）、その負担付贈与の効力が贈与者の死亡によって生ずるのが負担付死因贈与である。

負担は、贈与契約の一部であって、別個の契約が附随するものではなく、負担と贈与の先後関係としては、どちらが先でもよいとされ、負担の利益を受ける者は、贈与者自身であっても、特定の第三者であっても、あるいは、不特定多数の者であってもよいとされる。贈与者は、いずれの場合でも受贈者に対して負担を履行すべき旨を請求する

権利を有するとされる（我妻・前掲233頁）。なお、負担は当然の前提として、贈与の価値を下回らなければならない。受贈者の負担の価値が贈与者の与える財産の価値に等しいか、又はこれより大であるときは、負担付贈与ではないとされる（柚木＝高木・前掲62頁）。

　負担の内容をなす給付は、給付としての一般的要件すなわち適法性・可能性・確定性の要件を具備することを要し、その一つを欠くときは負担自体は効力を生じないが、この場合全体としての贈与もまた効力を生じないかは、当事者の意思がその負担がなければ贈与をしなかったであろうかどうかで定めるとされる（柚木＝高木・前掲64頁）。したがって、例えば「死後〇年間にわたり墓を見守る」「残されたペットの面倒を見る」などの死後の事務を負担とすることも上記の一般的要件すなわち適法性・可能性・確定性の要件からみて、負担としての効力を生じるかを判定すべきである（負担が、適法性を欠いたり、可能性の限界を超えたり、不確定であったりすれば、負担としての効力は生じない。）。

　また、「贈与者は、贈与の目的である物又は権利の瑕疵又は不存在について、その責任を負わない。ただし、贈与者がその瑕疵又は不存在を知りながら受贈者に告げなかったときは、この限りでない」とされており（民551①）、贈与者は原則として担保責任を負わないが、負担付贈与の場合には、その特則として、贈与者はその負担の限度において売主と同じく担保の責任を負うとされている（民551②）。

　また、負担付贈与については、「その性質に反しない限り、双務契約に関する規定を準用する」ものとされる（民553）。したがって、同時履行の抗弁権（民533）、危険負担（民534〜536）の準用が考えられるが、負担付贈与では贈与者が先履行義務を負う場合が多いので、その場合には同時履行の抗弁権はないとされる（我妻・前掲235頁）。

　負担的死因贈与契約が成立したと認められ、その死因贈与について

の取消しが否定され、また、負担が履行されているとして死因贈与契約の解除も否定され、さらに、死因贈与契約後に預け入れられた預金も死因贈与の対象に入るとされた判例として、次の判決がある。

○東京高裁昭和54年12月20日判決（判タ409・91）

＜事案の概要＞

　贈与者であるＡが、受贈者X₁、X₂との間で死因贈与契約を締結後に、第三者Ｂに全財産を相続させる、あるいはＢに金2000万円を贈与するなどの書面を作成したことにより、X₁、X₂との間の死因贈与契約は取り消されたとなるのか問題となったが、Ｂに対する相続させる、あるいは贈与等の意思があったか疑問であるとして、死因贈与取消しの主張を認めなかった。

　本件死因贈与契約には、受贈者X₁、X₂夫婦が贈与者Ａの近所に住みＡの身の回りの世話をし必要な場合その生活費を支払うとの負担が付いていたが、その負担が履行されているから死因贈与契約は解除できないとされた。

　さらには、死因贈与契約後に預け入れられた預金は、死因贈与の対象に入るかが問題となったが、死因贈与の対象に入ると認められた事例である。

＜判　旨＞

　Ａは、X₁、X₂との間で死因贈与契約を結んだ後に、Ｂに対する遺贈やＢとの間で死因贈与などの意思をもって書面を作成したかどうかは疑わしく、X₁、X₂との間の死因贈与契約を取り消したものとは認められない。また、X₁、X₂は、負担付死因贈与契約の負担を履行したので、負担不履行による契約解除は認められない。死因贈与契約後に預け入れられた預金も死因贈与の対象となるとされた。

＜解　説＞

　死因贈与の撤回の詳細については、第3を参照されたい。

　本件では、受贈者X₁、X₂夫婦が贈与者Ａの近所の住所に住み、Ａの身の回りの世話をし、必要な生活費を与える等のことが負担とされ、その

第3章　死因贈与の法律　　51

負担は履行されているとして、死因贈与契約の解除も認められないとされた。死因贈与の対策として「銀行預金」という程度に表示されていた場合には、契約時のものだけでなく、死因贈与の効力発生時（贈与者の死亡時）の預金を指すと解するのを相当としたもので、契約当事者のした法律行為の意思解釈として妥当なものと考えられる。

　負担の履行期が贈与者の生前と定められた負担付死因贈与の受贈者が負担の全部又はこれに類する程度の履行をした場合に遺贈の取消しに関する民法1022条、1023条を準用するのは相当ではないとされた判例として次の判決がある。

○最高裁昭和57年4月30日判決（判タ470・116）
＜事案の概要＞
　Aは長男Xとの間に、(1) XはAに対しXがB会社に在職中毎月3000円以上を送金しさらに年2回の定期賞与金の半額を贈与する、(2) Xが(1)の債務を履行した場合にAは遺産全部をAの死亡と同時にXに贈与するという内容の死因贈与契約を結んだ。Xは、上記契約締結後B会社を退職するまで上記負担の履行をしたので、Aの死亡時にAの遺産を贈与により取得したとして、Xの弟妹であるY₁、Y₂及び遺言執行者Y₃に対し、上記死因贈与契約締結後にAによってなされた遺言の遺言無効確認の訴えを提起した。Y₁、Y₂、Y₃は上記遺言により死因贈与契約は取り消されたものとみなされるので、Xの主張は失当であると主張した。
　1審、2審は、遺言の取消しに関する民法1022条、1023条が負担付死因贈与においても準用されるとして、Xの請求を棄却した。そこでXは、原判決は、民法553条、554条、1022条、1023条の解釈適用を誤ったものであるとして上告を申し立てた。
＜判　旨＞
　「負担の履行期が贈与者の生前と定められた負担付死因贈与契約に基づいて受贈者が約旨に従い負担の全部又はそれに類する程度の履行をした場合においては、贈与者の最終意思を尊重するの余り受贈者の利益を

犠牲にすることは相当でないから、右贈与契約締結の動機、負担の価値
と贈与財産の価値との相関関係、右契約上の利害関係者間の身分関係そ
の他の生活関係等に照らし右負担の履行状況にもかかわらず負担付死因
贈与契約の全部又は一部の取消をすることがやむをえないと認められる
特段の事情がない限り、遺言の取消に関する民法1022条、1023条の各規
定を準用するのは相当でないと解すべきである。」

＜解　説＞

　負担付死因贈与契約における負担の意義、負担の履行の有無等につい
て判示しており、重要な判決といえる。

　負担付死因贈与契約における負担について全部又はこれに類する程度
の履行がなされたと認められた場合においては、特段の事情のない限り
負担付死因贈与契約を撤回することは相当でないとして、負担付死因贈
与契約の後に遺言がなされたとしても、その遺言によって、負担付死因
贈与が撤回されたとみなされないとされた点は、第3を参照されたい。

　負担の履行期が贈与者の生前と定められた負担付死因贈与の受贈者
が負担の全部に類する程度の履行をした場合において、上記贈与を取
り消すことがやむを得ないと認められる特段の事情がないとして贈与
者からの取消しが否定された判例として、次の判決がある。

○東京地裁平成5年5月7日判決（判タ859・233）

＜事案の概要＞

　Xは亡夫Aの姪の夫であるYに対し、X所有の甲土地を代金3000万円
で売り渡すとともに、Yとの間でYがXに対し、X死亡時までの間毎月
50万円ずつ贈与すること、その支払方法としては、内20万円はY所有建
物をXに賃貸している建物の賃料支払債務と相殺し、残額30万円を毎月
支払うことを負担とし、X死亡時にXは乙土地をYに贈与するとの負担
付死因贈与契約を締結し、始期付所有権移転仮登記を経由していた。

第3章　死因贈与の法律　　　53

　上記負担の履行として、Yは昭和60年3月から平成元年7月まで、上記相殺に供した金員を除外した30万円ずつをXに支払い、平成元年8月末からは、Xに受領拒絶されたため、供託を続けてきている。Xは、上記売買契約及び負担付死因贈与契約は、老人であるXの判断力のなさに乗じて締結されたものであって、甲乙土地をわずかな代償で取得する内容であって公序良俗違反、信義誠実の原則に反するとして、売買登記、始期付所有権移転仮登記の抹消請求訴訟を提起した。なお、Xは平成4年6月の口頭弁論期日にてYに対して本件負担付死因贈与契約を取り消す意思表示をした。Yは、反訴として、贈与の日付を実際の日付に合わせて更正する旨の更正登記手続を請求した。

＜判　旨＞

　負担の履行期間及び贈与対象部分に対する履行済負担の割合等を考慮すると、Yは、本件負担付死因贈与契約に基づき本件負担の全部に類する程度の履行をしたものと認めるのが相当である。

　本件負担付死因贈与契約がなされたのは、もともと快適な住まいで老後を送りたいと願うX及びXの亡夫Aの妹Bの要望に基づくものであり、右契約締結の動機においてXにその必要がなかったということはできないことのみならず本件負担の内容は、X及びBが死亡するまでXらが本件建物に居住でき、しかも、毎月30万円の現金がXらに支払われるというもので、この内容はXにとっても利益と認められること、本件負担付死因贈与契約締結当時における乙土地の評価額とYが現実に弁済した金額とを比較しても、なお、本件負担の価値とXの贈与財産の価値の相関関係は右贈与財産の方が圧倒的に大きいとまではいい得ないばかりか、YはXの亡夫Aの姪の夫であるという関係にあり、Y夫婦が、Aの死亡に際し相続税の申告等の手助けをしたり、家事手伝いの人の世話等、XやBの日常生活等につき物心両面において世話をしてきたこと、YがXの依頼に基づきCとの関係についても処理していること等の事実に徴すると、Xらが何かとY夫婦を頼りにして来たものといわなければならず、係る事実を併せ考えると、XとYとの間に本件負担付死因贈与契約を締結、維持するための信頼関係が培われていたというべきであり、Y

の本件負担の前記履行状況にもかかわらず、本件負担付死因贈与契約を取り消すことがやむを得ないと認められる特段の事情があるということはできない。

したがって、XはYに対し本件負担付死因贈与契約を取り消すことができないものというべきである。

＜解　説＞

本件は負担付死因贈与契約が成立しており、その契約取消しの可否が争われた事案である。負担の内容等について明確に認定判示されており、事例的な意義は大きいといえる。負担付死因贈与契約に際して、仮登記が経由されていることも実務上重要といえよう。なお、負担付死因贈与契約の撤回の成否については、第3を参照されたい。

　負担付死因贈与契約は成立したと認められたが、負担の全部又はそれに類する程度の履行をしたとまではいえないとして、負担付死因贈与契約の取消しが認められた判例として次の判決がある。

〇東京地裁平成7年10月25日判決（判時1576・58）

＜事案の概要＞

Xは夫死亡後一人暮らしをしていて、次男であるY夫婦に身の回りの世話をしてもらっており、平成3年12月6日贈与（始期X死亡）を原因とする始期付所有権移転仮登記がなされていたが、Xは、平成5年に至り①Yに死因贈与をしたことはない、②仮に死因贈与があったとしても取り消すとして、仮登記抹消、並びに、預金証書・位牌等の返還を求める訴訟を提起した。

＜判　旨＞

Xが、世話になり続け、今後も世話になるであろうYの妻のことを慮って、本件土地及び本件建物をYに死因贈与しようとの意思を抱いたとしても何ら不自然なことではないから、死因贈与合意書は、Xの意思に基づき真正に成立したものといえる。死因贈与契約取消しの可否について、民法1022条は、負担の付かない死因贈与に準用されるものと解すべ

第3章　死因贈与の法律　　55

きであり、死因贈与契約において民法554条により準用される遺贈の規定には民法1022条の取消しについての規定は含まれないとするYの主張は採用できない。もっとも、負担の履行期が贈与者の生前と定められた負担付死因贈与契約に基づいて受贈者が約旨に従い負担の全部又はこれに類する程度の履行をした場合には、贈与者の最終意思を尊重するあまり、受贈者の利益を犠牲にすることは相当でない。そのような場合には、死因贈与契約締結の動機、負担の価値と贈与財産の価値との相関関係、死因贈与契約上の利害関係者間の身分関係その他の生活関係等に照らして負担の履行状況にもかかわらず、負担付死因贈与契約の全部又は一部の取消しをすることがやむを得ないと認められる特段の事情がない限り、民法1022条の取消しについての規定は準用すべきでないといえる。本件をみるに、死因贈与契約において、Yの負担とされているのが、契約成立日（平成3年12月6日）からXの生存中、責任をもってXを介護することである。XがYの妻の介護を受けていたのは、Xが平成5年8月17日にB病院を退院するまでであり、それ以降は、Xの長男夫婦がXの世話をするようになったことが認められる。Y夫婦（特にYの妻）は、約5年間にわたってXと同居して、自分を犠牲にしてXを介護し、別居後もXの世話をしていたものであり、右行為は高く評価するべきものであるが、現在Xは長男夫婦の世話を受け今後も右状態が長期間にわたって続くものといえることから、平成5年8月17日までのY夫婦のXの介護をもって、負担の全部又はそれに類する程度の履行をしたとまではいうことはできないものといえる。結局本件死因贈与契約は、平成5年9月4日に原告によって取り消されたものといえる。

＜解　説＞

　本件は負担付死因贈与契約の成立は認められたが、その負担が全部又はそれに類する程度の履行がされたことにはならないとして、負担付死因贈与契約の取消しが認められた事例である。負担の内容、負担付死因贈与契約の成立に至る経緯等について丁寧に判示されているので、事例としての意義は大きいといえる。負担付死因贈与契約の撤回の成否については、第3を参照されたい。

7 包括的死因贈与

(1) 包括的死因贈与の可否

包括的死因贈与は、契約によって、相続人を作り出すことであって、現行法上、認められないとする少数説（伊藤昌司『相続法』129頁（有斐閣、2002））もあるが、通説・多数説は、包括的死因贈与の受贈者は必ずしも相続人と同じ扱いを受けるものではない等として、贈与者死亡の際に全財産又はその何分の一を贈与するというような包括的死因贈与も認められると解している（田中永司ほか『遺言法体系Ⅰ』449頁（慈学社出版、補訂版、2015））。実際の判例においても包括的死因贈与は広く認められているといってよい。

(2) 包括的死因贈与を認めた判例

ア 最高裁昭和57年4月30日判決（判タ470・116）

包括的死因贈与の有効なことを前提に、取消しの成否について判断した事例。この判決については、負担付死因贈与についての判例（前記6)として、＜事案の概要＞＜判　旨＞＜解　説＞を紹介済みである。

イ 東京高裁昭和54年12月20日判決（判タ409・91）

全財産についての死因贈与を有効とした上、その財産につき変動が予想される銀行預金が含まれる場合に、契約後に預け入れられた預金についても死因贈与の対象に含まれるとした事例。この判決については、負担付死因贈与の判例（前記6）として、＜事案の概要＞＜判　旨＞＜解　説＞を紹介済みである。

ウ 東京地裁昭和56年8月3日判決（判時1041・84）

病気入院中献身的に看護してくれた女性へ遺産の2分の1を贈与する（割合的）包括的死因贈与が有効であることを認めた事例。この判決については、死因贈与の成立の判例（前記2）として、＜事案の概要＞＜判　旨＞＜解　説＞を紹介済みである。

第3章 死因贈与の法律 57

(3) （割合的）包括的死因贈与と共有関係の解消

相続人以外の第三者に対する（割合的）包括的死因贈与が贈与者の死亡により効力が生じた場合、贈与者の相続人と第三者（受贈者）との当該物件についての共有関係の解消は、遺産分割手続によるのと異なり、民法上の共有物分割手続によるべきであると解されている（田中ほか・前掲449頁）。

(4) 包括的死因贈与と債務の移転の可否

包括遺贈の場合には、当然に債務の承継（ただし、債権者に対抗できない）を伴うものとも認められることとなる（民法990条「包括受遺者は、相続人と同一の権利義務を有する。」）。

しかし、包括的死因贈与の場合には、包括的死因贈与がなされただけでは、当然に債務の承継が伴うものとは解されていない。すなわち、遺産に対する包括的死因贈与の趣旨を積極財産の包括的贈与にあるとした上で、贈与割合に応じて債務を弁済すべき旨の負担を付した負担的死因贈与と解することが可能であるときには、負担の遺贈に関する民法1002条、1003条の準用も認められて、妥当な結果を得られるであろうとする見解が有力である（田中ほか・前掲450頁・451頁）。したがって、実際に包括的死因贈与の契約を締結する場合には、債務承継を伴うものであるかどうかを明示的に約定しておくことが、後日の紛争を防止するために望ましいといえる。

8 未成年者との死因贈与における注意点

(1) 未成年者の行為能力

贈与者が未成年者の場合に、遺言によって遺贈を行なう場合の遺言能力の規定（民法961条「15歳に達した者は、遺言をすることができる。」、民法962条「第5条、第9条、第13条及び第17条の規定は遺言については、適用しない。」）が準用されるかどうかが問題となる。前述4の

とおり、死因贈与について遺贈の規定が準用される（民554）のは、遺贈が単独行為であることによる規定（遺言の能力、方式、承認、放棄など）に準用されず、遺言の効力（民985以下。ただし、民986～990を除く。）のみが準用されるというのが通説となっている（我妻・前掲237頁）。したがって、未成年者の行為能力については、民法5条、9条、13条、17条の規定が適用されるので、未成年者が贈与者として死因贈与契約を結んでも、親権者、後見人らが、未成年者の行為を取り消し得ることとなる。

(2) 親権者による死因贈与契約の締結

贈与者が未成年者である場合は、親権者、後見人が未成年者の死因贈与契約の締結につき同意する、あるいは、親権者、後見人が未成年者の法定代理人として、死因贈与契約を締結することが必要となる。いずれの場合でも、親権者、後見人は未成年者本人の立場を充分配慮して、契約締結の可否、契約内容の決定等についての判断を行うべきである。

受贈者が未成年者である場合に、死因贈与契約によって未成年者が「単に権利を得、又は義務を免れる」だけである場合は、親権者、後見人の同意を要することなしに、死因贈与契約を締結することができる。未成年者が負担的死因贈与を受ける場合には、その負担を負うことにつき親権者、後見人が同意することが必要となる。

(3) 利益相反行為該当性（特に負担付贈与の場合）

負担付死因贈与契約が、贈与者を親権者、後見人、受贈者を未成年者として、締結される場合には、その負担によって、贈与者たる親権者、後見人が利益を受け、その反面、受贈者たる未成年者が不利益を受けることになる。この場合、親権者、後見人と未成年者で利益相反となり得るので、その場合には、家庭裁判所において特別代理人を選任してもらう必要がある（民826・838～842・867）。

第2　死因贈与の効力

1　死因贈与の効力

(1)　遺贈の規定の準用

　民法554条は「贈与者の死亡によって効力を生ずる贈与については、その性質に反しない限り、遺贈に関する規定を準用する。」と定める。

　この民法554条は、平成16年の民法現代語化以前は、「贈与者ノ死亡ニ因リテ効力ヲ生スヘキ贈与ハ遺贈ニ関スル規定ニ従フ」と規定されていた。

　民法554条について、「起草担当者（穂積陳重博士）は、死因贈与が「贈与」の節から外されることを明確にするために同条をおいたとしており、死因贈与をその方式、撤回、効力、履行の方法についてほぼ全面的に遺贈に関する規定に従わせる趣旨であったようである。」（松尾知子「死因贈与と遺言執行者」中川淳先生古稀祝賀論集『新世紀へ向かう家族法』502頁（日本加除出版、1998）、法務大臣官房司法法制調査部監修『日本近代立法資料叢書3（法典調査會民法議事速記録3)』859頁（商事法務研究会、1984))。

　そして、立法当時の解釈では、死因贈与には遺贈の方式、効力に関する規定は、全て準用されると解されていた。

　しかし、その後末弘厳太郎説が「遺贈に関する諸規定中特に遺贈の単独行為なることに基因する規定と然らざる規定とを区別し後者のみこれを準用し得るものと解することを正当なりと信ず」（末弘厳太郎『債権各論』341頁（有斐閣、1918))と論じてから、この末弘説が通説となった。

　すなわち、遺言者の単独行為である遺贈と契約である死因贈与との違いがあることから、遺贈が単独行為であることによる規定（遺言の方式に関する規定、遺言能力など）は、死因贈与には準用されないと

いうのが通説・判例である（我妻栄『債権各論中巻一（民法講義 V₂）』237頁（岩波書店、1973）、柚木馨＝高木多喜男編『新版注釈民法(14)』72頁〔柚木馨・松川正毅〕（有斐閣、1993）、大判大15・12・9民集5・829、最判昭32・5・21民集11・5・732）（詳しくは、**第1の4・5**を参照）。

　そして、遺贈の効力に関する規定については、準用することが不合理とは認められない限り、広く準用されるものとされている。もっとも、個々の規定については、死因贈与の性質をどのように捉えるかという違いから準用の可否が論じられ、説が分かれるものもある。

　以下、遺贈の効力に関する個々の規定（民法985条から民法1003条までの規定）が準用されるか否かについてみていく。

　(2)　遺言の効力発生時期に関する規定（民法985条）

　遺言の効力発生時期に関する規定（民法985条「遺言は、遺言者の死亡の時からその効力を生ずる。」）は、死因贈与に当然に準用されるとされる（柚木＝高木・前掲72頁、川井健『民法概論4（債権各論）』120頁（有斐閣、2006））。なお、三宅正男『契約法（各論）上巻（現代法律学全集9)』55頁（青林書院新社、1983）は、死因贈与が贈与者の死亡の時から効力を生ずるのは、民法985条1項の準用というよりは、本来その趣旨でなす贈与のみが、生前贈与と区別されて死因贈与となるのだと述べている。

　(3)　遺贈の放棄・承認に関する規定（民法986条ないし989条）

　遺贈の放棄及び承認は、遺言が単独行為なるがために存する特別の制度であり、既に当事者双方の合意をもって契約をなせる場合に、更にまた後より放棄を許し、承認を要求することは全然無意味であるので、遺贈の放棄・承認に関する規定は、死因贈与には準用されないと解されている（末弘厳太郎「死因贈与ニ就テ」法学新報26巻4号37頁（1916））。そして、これが通説である。

　また、判例も「遺贈の承認・放棄に関する規定は、死因贈与は契約であり、贈与者の生前に、贈与者と受贈者との合意により成立してい

る以上、死因贈与に準用されない」と解している（後記最判昭43・6・6判時524・50）。

したがって、受贈者は死因贈与を放棄することはできず、また、贈与者の相続人は受贈者に対し、死因贈与の承認又は放棄すべき旨を催告することはできない。

○最高裁昭和43年6月6日判決（判時524・50）
＜事案の概要＞
　甲所有の土地について、甲の相続人でない乙に家督相続を原因とする所有権移転登記がなされ、次いで乙から丙に贈与を原因とする所有権移転登記がなされていたところ、別に甲から丙に対し死因贈与がなされていた。甲の相続人であるAは、乙及び丙を被告として、権利移転の過程において登記と実態が合致していない、また、遺贈の承認・放棄に関する規定は死因贈与に準用されるべきであるとして、甲から丙に対する死因贈与は、受贈者丙の承認がなく、むしろ放棄をしたとみるべき事実があるから死因贈与はその効力を生じないとして、所有権移転登記の各抹消登記手続を求めた。
＜判　旨＞
　遺贈の承認・放棄に関する規定は、遺言が単独行為であることに基づくものであることが明らかであるから、民法554条によって契約である死因贈与に準用されるものではないと解すべきである。
＜解　説＞
　遺贈の承認・放棄の規定は、遺贈が単独行為であることに基づくものであることからすれば、同規定が死因贈与に準用されないとする上記最高裁判決の結論は、当然のものといえよう。
　もっとも、この最高裁判決については、「死因贈与の事実はみとめられないとした原審の認定を是認した判決理由中での説示であって、上記判示の先例的意義は不明である。」との指摘もある（田中永司ほか『遺言法体系Ⅰ』450頁（慈学社出版、補訂版、2015））。

（4）　包括受遺者に関する規定（民法990条）

民法990条は、「包括受遺者は、相続人と同一の権利義務を有する。」と定める。この包括受遺者の地位に関する規定が死因贈与に準用されるか否かについては、準用を否定する学説（我妻・前掲237頁、柚木＝高木・前掲72頁、松原正明『判例先例相続法Ⅳ』403頁（日本加除出版、全訂版、2010）ほか）と準用を肯定する学説（末弘厳太郎『債権各論』346頁（有斐閣、1918）、三宅・前掲55頁）の両説が存する。

上記の準用否定説は、理由を述べていない。

他方、準用肯定説の末弘説は、原則として遺贈の効力に関する規定は死因贈与に準用するとの考えによっている。

包括的死因贈与も可能であるというのが判例・通説であるが（最判昭57・4・30判タ470・116ほか）（詳しくは、**第1の7を参照**）、包括的死因受贈者につき民法990条の準用を認めると、その結果として、包括的死因贈与の受贈者は遺産分割にも加わることも認め、相続人と同じに扱うこととなる。

この点について、準用否定説の伊藤説は、包括的死因贈与の存在を原則として否定し、受遺者を全ての点で相続人と同じに扱うのは、契約によって相続人を作り出すことに帰着し採用し難いと指摘する（伊藤昌司『相続法』129頁（有斐閣、2002））。

準用肯定説は、包括的死因贈与がなされるのは、贈与者と受贈者間の特別な人的関係を背景とする場合であって、その関係に基づく当事者の意思を尊重する趣旨において包括遺贈がなされた場合と同様に扱っても、特別な弊害や支障が生ずるとは考えられないとしている。

いずれが通説的見解かは定まっているとはいい難いが、判例は包括的死因贈与を認めているが、民法990条の準用については否定する説が有力といえよう。

なお、包括的死因贈与の効力、債務の承継については、後記3で詳しく触れる。

(5) 受遺者による担保請求・果実取得・費用償還に関する規定（民法991条ないし993条）

受遺者による担保の請求に関する規定（民991）、果実の取得に関する規定（民992）、遺贈義務者による費用の償還請求に関する規定（民993）は、いずれも準用を否定する理由は無いことから、準用されると考えられる（柚木＝高木・前掲72頁）。

民法991条は、遺言が始期付き又は停止条件付きである場合、すなわち、遺贈の弁済期（遺贈の効力発生時点）が遺言の効力発生時点（遺言者の死亡の時又は他の遺言条項の始期・条件成就の時）より後になる場合に、当該遺贈の弁済期において遺贈義務者が無資力化してしまっているおそれがあるため、受遺者を特に保護する趣旨で設けられた規定である。死因贈与の効力が贈与者の死亡により直ちに生じる場合には、同条の適用が問題になることはないが、始期付き又は停止条件付きの場合で、贈与者の死亡後に効力が生じるような場合には、受贈者の保護のため、受贈者は、贈与者の死亡後に、遺贈義務者に対し、相当の担保を請求することができる。

民法992条は、受遺者による果実の取得に関する規定である。遺贈の履行を請求することができる時、すなわち、贈与者の死亡時、停止条件が付されていれば条件成就の時、期限付きの場合は期限到来時に、受贈者は果実を請求することができる。

民法993条は、遺贈義務者が遺贈目的物について支出した費用及び果実収取のために要した費用の償還についての規定である。遺贈目的物について支出した費用については、民法299条の規定が準用され、すなわち、遺贈義務者が遺贈目的物について必要費（家屋の修繕費等）

を支出した場合には、受遺者に対し、その全額を請求することができる。また、有益費（家屋の改良費等）を支出した場合、価格の増加が現存する場合に限り、受遺者の選択に従って、その費やした金額又は増加額を請求できる。果実収取に要した費用（農作物の耕作費、家賃集金人への報酬など）は、通常の必要費の範囲であり、かつ、果実の価格を超えない限度で償還を請求できる。

(6)　遺言の効力発生以前の受遺者の死亡に関する規定（民法994条1項）

遺言の効力発生以前の受遺者の死亡に関する民法994条1項の規定が死因贈与に準用されるか否かについては、準用肯定説（我妻・前掲237頁、柚木馨編『注釈民法(14)』38頁（有斐閣、復刊版、1966）、広中俊雄『債権各論講義』42頁（有斐閣、第6版、1994））と準用否定説（加藤永一『遺言の判例と法理』104頁（一粒社、1990）、柚木＝高木・前掲72頁、中川善之助＝加藤永一編『新版注釈民法(28)』188頁〔阿部浩二〕（有斐閣、1988））の両説の争いが存するが、準用肯定説が通説とされている（松原・前掲398頁）。

準用肯定説について、その根拠を明確に述べるものは乏しいものの、贈与者の死亡の時から効力を生じ、また、贈与者の死亡以前に受贈者が死亡したときは効力を生じないという趣旨でなされる贈与のみが、生前贈与と区別されて死因贈与となるとの理解が前提にあるようであり（三宅・前掲55頁）、遺贈と死因贈与は共に無償行為であり、当事者間の親族的な信頼関係や親愛の情に基づくものである点で共通することから、民法994条1項の準用を肯定することは十分な理由があるとされている。

これに対し、準用否定説は、不動産が死因贈与された場合に仮登記を認める登記実務を前提に、当事者の間で死因贈与の内容について細かく取り決めた上、立会人によって書面を作成し、これに基づいて仮登記がなされている場合などにも、準用を肯定するのは疑問であるとし、死因贈与には保全されるべき権利が生じるとみて、受贈者が先に

死亡した場合には、この期待権が受贈者の相続人に相続されると解されるとし、さらに進んで、受贈者の権利が仮登記されている場合にとどまらず、死因贈与一般について、遺贈と違って、贈与者の生前にも受贈者には期待権が認められ、この期待権は受贈者が贈与者よりも先に死亡した場合にも失われることはなく、受贈者の相続人に移転するものと解されるとしている。

　判例は、準用を認めた例（後記東京高判平15・5・28判時1830・62）と否定した例（後記京都地判平20・2・7判タ1271・181、水戸地判平27・2・17判時2269・84）の両方が存する。

【準用を認めた判例】

〇東京高裁平成15年5月28日判決（判時1830・62）
＜事案の概要＞
　母Aと子B（Aの二男）間で平成元年6月20日に死因贈与契約がなされたところ、受贈者Bが平成11年5月24日に死亡し、その後平成12年8月27日に贈与者Aが死亡したことから、Bの妻であるXが、亡夫がその母より死因贈与を受けた土地の持分権を相続により取得したと主張し、その持分権に基づき、Aの相続人でその長男Y（Bの兄）に対し、持分移転登記手続を求めた。
＜判　旨＞
　死因贈与について遺贈の規定が準用される趣旨は、死因贈与と遺贈とは、共に無償で財産を供与する行為であり、かつ、死亡によって本来は相続人に帰属すべき財産を相続人に帰属させないで相手方に供与するという点において共通性を有するからと考えられる。
　民法994条1項は、遺贈が無償の財産供与行為であり、何らかの個別的な人間関係に基づいてされるものであるため、遺贈者の意思は通常個別的な人間関係のある特定の者、すなわち受遺者に向けられたものであって、遺贈の効力が生ずる以前に当該受遺者が死亡したときには遺贈者が意図した供与の相手方が存在しなくなったがゆえに遺贈の効力を否定す

る趣旨で設けられたものと解するのが相当である。

　死因贈与につき民法994条1項が準用されるか否かについてみるに、死因贈与が無償の財産供与行為であり、かつ、供与者の死亡によって本来は相続人に帰属すべき財産を相続人に帰属させないで相手方に供与するという点で遺贈と共通性を有することは前記のとおりである。また、死因贈与も、その無償性に照らして何らかの個別的な人間関係に基づいてされるものであることも、遺贈と共通するといってよいであろう。そうすると、贈与者の意思は、遺贈と同様に、そのような個別的な人間関係のある特定の受遺者に向けられていると解されるから、前記のような趣旨で設けられた民法994条1項を死因贈与について準用することについては各別不合理なところはなく、むしろ準用することが相当であるというべきである。

　なお、死因贈与の受贈者は、その相続人をも含めて、贈与者の死亡によって財産を取得し得るとの期待を抱くであろうが、そのことは、遺言の内容を知っている受遺者及びその相続人についても同じことがいえるから、この受贈者及びその相続人の期待をもって民法994条1項の準用を否定する理由にはならないというべきである。

＜解　説＞

　遺贈も死因贈与も、無償の財産供与行為であり、何らかの個人的な人的関係に基づいてなされることを重視して、供与の相手方が存在しなくなったときには、その効力を否定する遺贈の規定の趣旨は、死因贈与の場合も同様であるとして、民法994条1項の準用を肯定したものである。

【準用を否定した判例】

○京都地裁平成20年2月7日判決（判タ1271・181）

＜事案の概要＞

　姉Aとその弟Bの間で、平成11年4月4日頃に、不動産についての死因贈与契約がなされたところ、受贈者Bが平成15年3月29日に死亡し、その後平成19年4月7日に贈与者Aが死亡したことから、Bの子であるXが、

亡父がその姉より死因贈与を受けた土地を遺産分割により取得したと主張し、その所有権に基づき、Aの相続人であるY（Bの兄）に対し、所有権移転登記手続を求めた。

＜判　旨＞

「民法994条1項は、遺言者の死亡以前に受遺者が死亡した場合、遺贈は効力を生じないと規定するが、遺贈は遺言者の一方的意思表示によってなされるものであるから、同時死亡の場合は別としても、受遺者が遺言者より先に死亡した場合には遺言者は当該遺贈の目的物を自己の意思に従って再度処分できるとするのが相当であるから、民法994条1項の規定は合理的な理由がある。

しかし、死因贈与は贈与者と受贈者との間の契約である以上、贈与者の意思で一方的に撤回することはできない（ただし、書面によらない死因贈与は、履行の終わった部分を除き、撤回することができる〔民法550条〕。）上、契約成立の時点において、受贈者には贈与者の死亡によって当該死因贈与の目的物を取得できるという期待権が生じているといえる。

上記のような遺贈と死因贈与の相違及び民法994条1項を死因贈与に準用する旨の明文の規定がないことを考慮すれば、受贈者が贈与者より先に死亡した場合、死因贈与は効力を生じないとはいえない。

したがって、受贈者が先に死亡したとしても、その後、贈与者が死亡した場合、死因贈与は効力を生じ、当該死因贈与の目的物は受贈者の遺産になると解される。」

＜解　説＞

死因贈与が契約であり、贈与者の意思で一方的に撤回することができないこと、契約成立の時点において受贈者には死因贈与の目的物を取得できるという期待権が生じていることを理由として、民法994条1項の準用を否定したものである。

この判例に対しては、「民法554条がある以上、民法994条1項を死因贈与に準用する旨の明文の規定がないとする点には異論があろう。」（松原・前掲399頁）との批判がある。

68   第3章　死因贈与の法律

○水戸地裁平成27年2月17日判決（判時2269・84）
＜事案の概要＞
　母Aが、平成3年12月18日、「遺言の事」と題する、子ども三人宛の次
の文面の書面（本件書面）を作成し、母A及び長男B、二男C、三男D
がそれぞれ署名押印した。
　「1.　Bへ○○町の土地（本件土地）をゆずります　2.　Cへ金1000万
円をゆずります　□□村の畑地をゆずります　3.　Dへ△△町の土地、
家をゆずります　右の項に基づいて各自の持分以外は権利を主張しない
こと」
　長男Bが平成20年11月29日に死亡し、母Aがその3日後である同年12
月2日に死亡したため、Bの権利を相続したBの子であるXが、贈与又は
死因贈与により本件土地の権利を取得したとして、C及びDに対し、所
有権移転登記手続を求めた。
＜判　旨＞
　本件書面について、裁判所は、贈与契約であることは否定したものの、
「Aが、本件書面により、その死後、B・Cら間に亡父の遺志に反する
争いが起きるのを未然に防ぐために、亡父の遺産分割協議書の協議内容
を踏まえて、亡父の遺志を再確認し、A名義の本件土地をBに（中略）
贈与する旨の死因贈与契約を締結したもの」と認定した。また、贈与者
Aが受贈者Bよりも先に死亡している場合に、Xが権利を取得すること
ができるかについて、「本件土地は、本件書面により、A死亡後にBない
しその代襲相続人であるXらが相続すべきAの遺産である（争いがな
い）」と判示して、受贈者Bが贈与者Aよりも先に死亡しても、死因贈与
契約の効力があることを認めた。
＜解　説＞
　本件は、本件書面により、Bへの本件土地の死因贈与とともに、C及
びDに対しても死因贈与がなされていた。そのため、C及びDが、死因
贈与の効力があるものとしてBの子であるXが本件土地を代襲して取得
することについて特段争わなかったという点で、特殊性のある事案であ
る。

　準用否定説によると、受贈者が贈与者よりも先に死亡した場合、受

贈者の相続人が受贈者の地位を承継し、死因贈与対象財産を取得することになる。

他方、準用肯定説によると、受贈者が贈与者よりも先に死亡した場合、死因贈与契約は失効し、受贈者の相続人が受贈者の地位を承継する前提を欠くことになる。そのため、もし贈与者が受贈者の地位をその相続人に承継させようとする意思がある場合には、特別な意思表示（補充的死因贈与）が必要となる。具体的には、死因贈与契約中に、「受贈者が契約の効力が発生する前に死亡したときは、受贈者の相続人が受贈者の地位を承継し、贈与者の死亡により、本契約の目的物件を取得する。」旨の条項を設ける必要が存するとされる（田中ほか・前掲448頁）。

(7) 遺贈の無効又は失効の場合の財産の帰属に関する規定（民法995条）

遺贈の無効や放棄の場合における目的財産の帰属に関する規定は、死因贈与の無効や取消しに関してのみ準用される（柚木＝高木・前掲73頁）。

民法995条は、遺贈の効力が生じないとき（放棄によって効力がなくなったときを含む。）には、その受遺者が受けるべきであった遺産は、相続財産として相続人に帰属することを定めているが、ある意味当然のことを規定したものである。死因贈与は、前述したとおり遺贈の放棄の規定は準用されず、放棄は認められないと解されていることから（前記(3)参照）、死因贈与の無効や取消しに関してのみ準用され、放棄の場合には準用されない。

(8) 相続財産に属しない権利の遺贈に関する規定（民法996条及び997条）、不特定物の遺贈義務者の担保責任に関する規定（民法998条）、第三者の権利の目的である財産の遺贈に関する規定（民法1000条）

相続財産に属しない権利の遺贈等に関するこれらの規定は、死因贈

与には準用されず、契約たる原則に従って、債務不履行責任や担保責任によることとなる（柚木＝高木・前掲73頁）。

なお、贈与者は、原則として、贈与の目的である物又は権利の瑕疵又は不存在について、担保責任を負わないとされている（民551①）。

(9) 遺贈の物上代位等に関する規定（民法999条及び1001条）

遺贈の物上代位に関する規定（民999）、債権の遺贈の物上代位の規定（民1001）は、死因贈与に準用される（柚木＝高木・前掲73頁）。

民法999条は、遺言書作成後、遺言の効力が生ずるまでの間に、遺贈の目的物が変化した場合、その価値変形物もまた、遺贈の目的とされていたものと推定する規定である。遺言者もそのように意図していたものと推定できるからとされている。例えば、遺贈に係る家屋が、火災により滅失した場合でも、火災保険が掛けられていれば、保険金請求権が生じることとなるが、家屋の代わりに、保険金請求権が遺贈の目的とされたものと推定されることとなる。死因贈与の場合も、贈与の目的物が変化した場合、受贈者はその価値変化物を取得することができる。

民法1001条1項は、金銭以外を目的とする債権を遺贈の目的とした場合において、遺言者が弁済を受けた場合、当該目的物を遺贈の目的としたものと推定するとしている。例えば、遺言者が、甲に対する売買に基づく動産引渡請求権を遺贈の目的として遺言書を作成した後、目的動産の引渡しを受けた場合が該当し、この場合、当該目的動産が遺贈の目的とされたものと推定される。こうした推定が、死因贈与の場合にも準用されることとなる。

民法1001条2項は、同条1項を受けて、金銭債権が遺贈の目的とされた場合を規定する。したがって、金銭債権を遺贈の目的とした場合において、遺言者が弁済を受けた場合のことを規定しており、その場合、

たとえ相続財産中に当該債権額に相当する金銭がなくとも、その額が遺贈されたものと推定される。例えば、甲に対する100万円の貸金債権を遺贈の目的とした場合に、その後、遺言者が、甲から40万円だけ一部弁済を受けたとする。このとき、遺贈の目的とされた100万円の貸金債権は、60万円に縮減されるが、遺言者が一部弁済として受け取った40万円という金銭自体も遺贈の目的とされたものと推定される。結果、残額60万円の金銭債権と現金の40万円が遺贈の目的とされることになり、もし遺言者が受け取った金銭を消費して、相続財産中に40万円が無くなっている場合であっても、遺贈義務が残ることとなる。こうした推定が、死因贈与の場合にも準用されることとなる。

(10) 負担付遺贈に関する規定（民法1002条1項及び1003条）

負担付遺贈に関する規定は、負担付無償処分の基本的性質に関する規定であることから、準用されると解される（柚木＝高木・前掲73頁）。なお、負担付死因贈与の効力については、次項において述べる。

2 負担付死因贈与の効力

負担付死因贈与がなされると、贈与者の死亡によって負担付贈与の効力が生じる。すなわち、受贈者が一定の給付をする債務を負担することを内容とする贈与の効力が生ずる。

なお、負担の履行期は、契約により、贈与者死亡以前とすることができる。

負担付遺贈に関する民法1002条1項及び1003条の規定は、上述したとおり、負担付無償処分の基本的性質に関する規定であることから、負担付死因贈与について準用されると解されている（柚木＝高木・前掲73頁）。したがって、負担付死因贈与の受贈者は、死因贈与の目的物の価額を超えない限度においてのみ負担した義務を負うこととなる。

負担付贈与は、その性質に反しない限り、双務契約に関する規定を準用するものとされている（民553）。

負担付死因贈与について、同時履行の抗弁（民533）が準用されるか否かについては、いずれかが先履行義務を負うのであればそもそも抗弁権が発生しないが、いずれも先履行義務を負わない場合、負担付死因贈与では、贈与者が先履行義務を負う場合が多いので、その場合には同時履行の抗弁権はないとされる（我妻・前掲235頁）。

危険負担（民534〜536）が準用されるか否かについては、契約たる贈与の原則に従い、準用されるとされる。

3　包括的死因贈与の効力

（1）　概　説

包括的死因贈与、すなわち、贈与者の全ての財産を受贈者に死因贈与することについては、可能であるというのが判例・通説である（前掲第1の6の最高裁昭和57年4月30日判決ほか。詳しくは、第1の7を参照）。贈与者の死亡時の全ての財産について包括的死因贈与がなされた場合は、贈与者の死亡により、受贈者がその全ての財産を取得することになる。

贈与者の財産の一部について包括的死因贈与（割合的包括的死因贈与）をすること（財産の何分の一を死因贈与すること）も可能と解されている（瀬戸正二『公正証書モデル文例集』67頁（新日本法規出版、1987））。割合的包括的死因贈与がなされた場合は、贈与者の相続人と受贈者との共有関係が生ずることになる。この場合の贈与者の相続人と受贈者との共有関係の解消は、遺産分割手続ではなく、共有物分割手続によるべきとされ（田中ほか・前掲449頁）、受贈者は、遺産分割手続に参加することは要しないとされる。

第3章　死因贈与の法律　　73

　なお、包括的死因贈与に民法990条の準用を認める立場によると、相続人と割合的受贈者との関係は、遺産共有の状態となり、係る共有状態の解消は、遺産分割手続によることになる。

(2)　債務の承継

　包括的死因贈与の効力について、遺産が積極財産のみの場合は特に問題はないが、遺産に消極財産（債務）が含まれている場合において、債務が承継されるか否かが問題となる。

　民法990条の規定は、前述したとおり、死因贈与に準用されないというのが有力とされている。準用否定説に従うならば、債務の承継は認められないという帰結になる。

　他方、準用肯定説に従うならば、債務も承継することとなる。したがって、もし贈与者が債務超過の場合だった場合、受贈者はその債務を負うこととなる。遺贈の承認・放棄に関する規定は準用されないという判例・通説の立場からすれば（前記1(3)参照）、受贈者は、たとえ債務超過であっても死因贈与を放棄することができず、受遺者にとって酷な結果が生じるおそれがある。日本公証人連合会編『新版　証書の作成と文例遺言編』203頁（立花書房、改訂版、2013）は、包括的死因贈与をする場合には、積極財産のみならず、消極財産を含めた包括的な財産が移転し、受贈者が過大な債務を負担するおそれのあることにも留意する必要がある旨を指摘している。

　民法990条の準用は認められないとしても、遺産について包括的死因贈与契約がなされる場合、贈与者と受贈者間の特別な人的関係を背景とする特殊事情からして、特別な限定がない限り、債務を含む遺産の総体を贈与の目的物の対象としているとみるべきであるから、当事者の意思を満たすには、その契約に、通常、黙示的に、遺産中の債務に対する贈与割合による処分として免責的引受けが含まれているものと解することにより、債務の承継を認める説もある（田中ほか・前掲450

頁）。この説によると、こうした債務者と引受人間の免責的債務引受も、当事者間では有効であり、債権者にはその承諾がなければこれを主張できないだけと解される（我妻栄『新訂　債権総論（民法講義Ⅳ）』568頁・572頁（岩波書店、新訂版、1964）、森泉章ほか『民法講義(4)』271頁・272頁〔伊藤進〕（有斐閣、1977）、中川善之助ほか編『注釈民法(11)債権(2)』456頁〔椿寿夫〕（有斐閣、1965）ほか）。

　また、遺産に対する包括的死因贈与の趣旨を、積極財産の包括的贈与に、贈与割合に応じて債務を弁済すべき旨の負担を付した負担付死因贈与と解することができるならば、負担付遺贈に関する民法1002条、1003条の準用も認められて、妥当な結果が得られることとなる。この場合、債務について、債権者にはこれを主張することはできないが、相続人らとの内部関係ではその負担割合による免責的債務引受がなされたと同様な効果が生ずることになると解される（田中ほか・前掲450頁・451頁）。

第3章　死因贈与の法律　　75

第3　死因贈与の撤回

1　死因贈与の撤回に関する理論

　民法554条は、「贈与者の死亡によって効力を生ずる贈与については、その性質に反しない限り、遺贈に関する規定を準用する。」と定める。

　そして、民法第5編第7章遺言第5節は「遺言の撤回及び取消し」の表題で、1022条から1027条の条文を置いている。

　これらの条文が死因贈与に準用されるか、すなわち死因贈与は、遺言と同様に撤回できるかが問題となる。

　これらの遺言の撤回に関する条文のうち、まず民法1022条及び1023条が、死因贈与に準用されるかについて、以下考える。

　民法1022条は、「遺言者は、いつでも、遺言の方式に従って、その遺言の全部又は一部を撤回することができる。」と定め、民法1023条1項は、「前の遺言が後の遺言と抵触するときは、その抵触する部分については、後の遺言で前の遺言を撤回したものとみなす。」と定め、2項は、「前項の規定は、遺言が遺言後の生前処分その他の法律行為と抵触する場合について準用する。」と定めている。

　なお、ここでは、民法1022条及び1023条を併せて、遺言撤回規定と呼ぶ。

　学説では大別すると、撤回否定説（遺言撤回規定は死因贈与に準用されないとする説）と撤回肯定説（遺言撤回規定を死因贈与に準用するとする説）が対立しており、折衷的な学説も多々存するが、ここでは主要と思われる学説を紹介する。

　(1)　撤回否定説

　　ア　我妻説

　我妻説は「遺言の撤回に関する規定は、疑問ではあるが、死因贈与

が契約であることからみて、むしろ準用されないと解すべきではあるまいか」と述べる（我妻栄『債権各論中巻一（民法講義V₂）』237頁（岩波書店、1973））。

　　イ　柚木・松川説

　柚木・松川説は、「いわゆる死因贈与は、（中略）その本質は契約たる生前贈与である。（中略）贈与者の死亡以前に、すでに合意に基づいて権利・義務が発生しており、贈与者の意思で勝手に自由にその合意を撤回することはできないのである。」と述べる（柚木馨＝高木多喜男編『新版注釈民法(14)』70頁〔柚木馨・松川正毅〕（有斐閣、1993））。

　　ウ　鈴木説

　鈴木説は、「死因贈与も一種の契約であり、契約である以上、書面によっているかぎり、贈与者が適時にこれを撤回しうる、とするのは不当というべきであろう」と述べる（鈴木禄弥『相続法講義』114頁（創文社、改訂版、1996））。

　(2)　撤回肯定説

　　ア　末弘説

　末弘説は、死因贈与は一つの契約なので、濫りに贈与者一方の意思をもって任意の取消を許すのは契約一般の原則に反する感があるが、ローマ法は別段の定めなき限り贈与者は任意に取消をなし得べきことを認め、またフランス民法においても特約を持って取消権を留保し得たるのみならず、贈与者死後の財産状態に関する処分はなるべくその死亡に近接せる時期の意思によりてこれを決せしむるを適当とすべきにより、死因贈与は純理上取消権を伴うこと能わざるもの解する必要毫も存在することなし、故に民法は寧ろ死因贈与は契約なるに拘わらず、特にその任意取消を許したるものなりと解するを正当とすべきと述べる（末弘厳太郎「死因贈与ニ就テ」法学新報26巻4号（1916））。

第3章 死因贈与の法律 77

イ 鳩山説

　鳩山説は、民法が死因贈与に遺贈に関する規定を準用すべきものとしたのは、その性質が類似するからでなく、その目的及び効果の類似することに基づくものなので、広い意味の遺贈の効果に関する規定のみを準用すべきで、遺贈の取消に関する規定は原則として準用あると述べる（鳩山秀夫『日本債権法各論（上)』（岩波書店、1924))。

2 死因贈与の撤回に関する判例の考え方（最高裁判例）

　死因贈与の撤回に関する最高裁判例には、以下のものがある。

○最高裁昭和47年5月25日判決（民集26・4・805）

＜事案の概要＞

　Aは、後妻であるYの要望に応じて、昭和38年4月に、Yに、自宅の土地建物を死因贈与する書面を作成した。

　その後、YがAに対し自宅土地建物の生前贈与を要求したことなどにより夫婦仲は円満を欠くようになり、Aは、昭和40年12月にYと別居し、昭和41年1月に弁護士を通じてYに対し、民法754条の夫婦間の契約取消権に基づき贈与契約を取り消す旨の通知をした。Aは昭和41年4月に死亡した。

　Aの子であるXらは、Yに対し、AY間の贈与契約の不存在確認等の請求訴訟を提起した。

＜判　旨＞

　一審は、Xらの請求を棄却した。

　控訴審は、Xらの請求を認めた。

　上告審は、以下のように述べて、Yの上告を棄却した。

　「死因贈与については、遺言の取消に関する民法1022条がその方式に関する部分を除いて準用されると解すべきである。けだし、死因贈与は贈与者の死亡によつて贈与の効力が生ずるものであるが、かかる贈与者の死後の財産に関する処分については、遺贈と同様、贈与者の最終意思

第3章　死因贈与の法律

を尊重し、これによつて決するのを相当とするからである。そして、贈与者のかかる死因贈与の取消権と贈与が配偶者に対してなされた場合における贈与者の有する夫婦間の契約取消権とは、別個独立の権利であるから、これらのうち一つの取消権行使の効力が否定される場合であつても、他の取消権行使の効力を認めうることはいうまでもない。」

＜解　説＞

　死因贈与の撤回について民法1022条の準用があることを認めた最初の最高裁判例として重要である。

　従来の大審院判例も、撤回肯定説をとっており、この最高裁判例も大審院判例を踏襲したものである。

〇最高裁昭和57年4月30日判決（判タ470・116）

＜事案の概要＞

　Aは、昭和35年5月に、長男Xとの間で死因贈与契約を締結した。その内容は、Xの在職中は、XがAに対し毎月3000円以上と年2回の定期賞与金の半額を贈与するものとし、Xがこれを履行した場合には、Aは、その遺産の全部をAの死亡と同時にXに贈与するというものであった。

　しかし、Aは、昭和49年11月及び昭和52年9月に自筆証書遺言（本遺言）を作成し、その内容は遺産の一部を二男Y₁及び三女Y₂に遺贈し、Y₃を遺言執行者に指定するものであった。

　Aは、昭和54年5月に死亡した。

　Xは、Aとの負担付死因贈与契約に基づき昭和54年3月に会社を退職するまでAに送金をしたとして、Y₁、Y₂、遺言執行者であるY₃（Yら）に対し、本遺言の無効確認の訴えを提起した。

＜判　旨＞

　一審及び二審は、いずれも民法554条によれば死因贈与には遺贈に関する規定が準用されるので、死因贈与後に遺言がなされた場合には、それと抵触する範囲において死因贈与は取り消されたものとみなされるとして、Xの請求を棄却した。

第3章　死因贈与の法律　　　79

　上告審は、以下のように述べて、控訴審判決を破棄し、高裁に差し戻した。

　「負担の履行期が贈与者の生前と定められた負担付死因贈与契約に基づいて受贈者が約旨に従い負担の全部又はそれに類する程度の履行をした場合においては、贈与者の最終意思を尊重するの余り受贈者の利益を犠牲にすることは相当でないから、右贈与契約締結の動機、負担の価値と贈与財産の価値との相関関係、右契約上の利害関係者間の身分関係その他の生活関係等に照らし右負担の履行状況にもかかわらず負担付死因贈与契約の全部又は一部の取消をすることがやむをえないと認められる特段の事情がない限り、遺言の取消に関する民法1022条、1023条の各規定を準用するのは相当でないと解すべきである。」

＜解　説＞

　負担の履行期が贈与者の生前と定められた負担付死因贈与契約に基づいて受贈者が約旨に従い負担の全部又はそれに類する程度の履行をした場合には、特段の事情がない限り、民法1022条、1023条を準用しないとした初めての最高裁判例である。

○**最高裁昭和58年1月24日判決**（民集37・1・21）

＜事案の概要＞

　本件土地は、長男Aの名義に登記されていたが、三男Bが占有耕作していた。

　昭和24年に、AはBに対し、本件土地の明渡等を求める訴訟（前訴訟）を提起し、一審では敗訴した。

　そして、高裁で、概要次のとおりの和解が成立した。

① 　Bは、本件土地がAの所有であることを承認する。

② 　Aは、B及びその子孫に対し、本件土地を無償で耕作する権利を与え、B及びその子孫をして右権利を失わしめるような一切の行為をしない。

③ 　Aが死亡したときは、本件土地はB及びその相続人に対し贈与する。

第3章　死因贈与の法律

　Aは、その死亡直前の昭和47年2月に、本件土地を二男に売却した。
　Bの相続人Xらは、Aの相続人Yらに対し、本件土地について死因贈与を原因とする所有権移転登記等を求める訴訟を提起した。
＜判　旨＞
　一審、二審は、死因贈与の取消しを認めず、Xらの請求を認めた。
　上告審も、以下のように述べて、死因贈与の取消しを認めなかった。
　「Aは、本件土地について登記名義どおりの所有権を主張して提起した訴訟の第一審で敗訴し、その第二審で成立した裁判上の和解において、第一審で真実の所有者であると認められたBから登記名義どおりの所有権の承認を受ける代わりに、B及びその子孫に対して本件土地を無償で耕作する権利を与えて占有耕作の現状を承認し、しかも、右権利を失わせるような一切の処分をしないことを約定するとともに、Aが死亡したときは本件土地をB及びその相続人に贈与することを約定したものであって、右のような贈与に至る経過、それが裁判上の和解でされたという特殊な態様及び和解条項の内容等を総合すれば、本件の死因贈与は、贈与者であるAにおいて自由には取り消すことができないものと解するのが相当である。」
＜解　説＞
　訴訟上の和解で成立した死因贈与について、裁判上の和解でされたという特殊な態様及び和解条項の内容等から、贈与者による撤回を認めなかった事案である。

　上記3つの最高裁判例を要約すると、以下のとおりなる。
　死因贈与には、原則として民法1022条、1023条が準用され、死因贈与は撤回が可能である。
　負担の履行期が贈与者の生前と定められた負担付死因贈与契約について、受贈者が負担の全部又はそれに類する程度の履行をした場合には、特段の事情がない限り、負担付死因贈与の撤回はできない。
　裁判上の和解によってなされた死因贈与は、その特殊な態様及び和解条項の内容等によって、撤回できない。

第3章　死因贈与の法律　　81

　このように、最高裁判例の見解は、「原則として死因贈与には民法
1022条、1023条が準用され、撤回が可能であるが、例外として、撤回
が許されない場合がある」と一般に解されている。
　しかし、最高裁の上記3つの判例は、昭和47年5月25日判決は撤回の
認められる例、昭和57年4月30日判決、昭和58年1月24日判決は、撤回
が認められない例を示したいずれも事例判決であり、最高裁は死因贈
与については事案ごとに撤回の可否を判断していると解する考え方も
ある（道垣内弘人・法学協会雑誌101巻8号1299頁（1984））。

3　下級審の撤回否定説の判例

　下級審の判例には、次のように、死因贈与の撤回を否定した判例が
ある。

○東京地裁昭和44年1月25日判決（判タ234・201）
＜事案の概要＞
　Aは、昭和39年3月に孫娘Yとの間で、「AはYに対し本件物件を贈与
する。但しその効力はAの死亡に因って発するものとする。他方YはA
が死亡するまでの間、Aの請求次第Aの看護に当たる。」旨の契約（以下
「本件契約」という。）を締結し、Yは、この契約に基づき、本件物件に
昭和39年3月31日付停止条件付贈与契約に基づく所有権移転仮登記を了
した。
　Aは、昭和41年6月に書面で、Yに対し、本件契約を取り消す旨の意思
表示をした。
　Aは、昭和41年8月に公正証書遺言をなし、本件物件をAの養子である
Xに遺贈した。
　Aは、昭和41年10月に死亡した。
　Xは、Yに対し、Xが本件物件の所有者であることの確認と上記仮登
記の抹消を求める訴訟を提起した。

第3章　死因贈与の法律

＜判　旨＞

　裁判所は、本件契約をYがAの看護を行うとの負担付贈与契約であると認定し、以下のように述べて、負担付贈与契約の撤回を認めず、Xの請求を棄却した。

　「遺言の取り消し（撤回）、に関する民法第1022条以下の規定が死因贈与に準用されるか否かが問題であるが、そもそも遺言の取り消しは何人もその死のときにおいて自由に遺言をすることができるとの遺言自由の原則と表裏をなすものであつて、いつたん遺贈をしてもこれを取り消しまたはこれに抵触する遺贈をするのに何の拘束もない。他方死因贈与は贈与者の死によつて効力を生ずる点で遺贈に類似するけれども、贈与者の死を条件とする契約であつて、契約がなされた以上は受贈者においてその期待権を有することになる。ことに死因贈与契約が負担附である場合には双務契約に関する規定が適用されることからみても、その場合の贈与約束には一層強い法的拘束力が与えられるべきである。以上彼比考え合わせると、少くとも負担附死因贈与契約については遺言の取り消しに関する規定の準用はないものと解すべきである。」

＜解　説＞

　この判例は、前記2の最高裁昭和47年5月25日判決より前の判決ではある。

　しかし、負担付贈与契約については、民法1022条以下の規定の準用がなく、その撤回が許されないことを明確に述べた点で意義がある。

〇名古屋地裁平成4年8月26日判決（金判915・37）

＜事案の概要＞

　Cは、その遺産を長男Bに相続させると、Bの後妻（Y）の連れ子にも遺産が相続されることを慮って、昭和40年1月に、本件土地建物と2の土地建物をBの子であるX（Cの孫）に遺贈し、3の土地建物は相続人の遺留分に充当する旨の遺言をした。

　Cは、昭和48年1月に死亡した。

第3章　死因贈与の法律　　83

　Cの遺産について、BがXに対する遺贈を認めることに難色を示した
ため、昭和48年7月に、Bが「本件建物はCより遺贈によりXが相続すべ
きものであるところ、事情により、Bが相続したので、その次には必ず
Xに譲ることを誓約します」との誓約書を書き、他の相続人が立会人と
して署名して、Xに交付した。
　昭和61年1月に、Bは、本件建物を後妻であるYに相続させる遺言をな
し、平成元年4月に死亡した。
　Yは、平成元年11月に、本件建物について相続を原因とする所有権移
転登記を経由した。
　Xは、Yに対し、真正な登記名義の回復を原因とする所有権移転登記
を求める訴訟を提起した。

＜判　旨＞
　裁判所は、誓約書作成の時点で本件建物について死因贈与契約がなさ
れ、誓約書が死因贈与の契約証書であると認定し、以下のように述べて
死因贈与の撤回を認めず、Xの請求を認容した。
　「死因贈与の合意後、BがYに本件建物を相続させる旨の遺言をなし
たことは前記のとおりであるところ、死因贈与についても民法1023条の
適用があり、抵触する内容の遺言がなされた場合には死因贈与が取消（撤
回）されたものと解する余地がある。
　しかしながら、死因贈与は単独行為としてなされ恩恵的色彩が濃厚な
遺贈と異なり、贈与者と受贈者との間の契約としてされるものであって、
契約に至る動機、目的、契約内容には種々の事情があり、場合によって
は、贈与者において自由には取り消せないことがあることは、判例（最
高裁判所昭和58年1月24日第二小法廷判決）でも明らかである。
　これを本件についてみるに、本件死因贈与は、CがXに本件物件を遺
贈したことに端を発して、本件物件からの家賃収入をBに得させるため
Bに相続させることとするが、Bの一代限りのこととし、Bの死亡後は、
Cの遺贈の趣旨を生かすために、Xに取得させることを目的としてなさ
れたものであり、他の相続人もBに右死因贈与をさせるため遺留分を放
棄しているのである。
　このような事情のもとでなされた死因贈与は、贈与者であるBにおい

て自由には取り消すことができないものというべきであり、Bの前記遺言によって取り消されたものと認めることはできない。」

<解　説>

　前記2の最高裁昭和58年1月24日判決を引用して、死因贈与には、契約に至る動機、目的、契約内容に種々の事情があり、その事情によっては、死因贈与が撤回できないことを述べた判例として重要である。

　この判例は、前記道垣内教授が指摘したように、最高裁判例を、原則として死因贈与は撤回可能と解しているのではなく、事案ごとに撤回の可否を判断していると解していると思われる。

○東京地裁平成5年5月7日判決（判タ859・233）

<事案の概要>

　原告Xは、亡夫の姪の夫である被告Yに対し、甲土地及び乙土地の所有権に基づき、甲土地については所有権移転登記の、乙土地については始期付所有権移転仮登記の各抹消登記手続を求める訴訟を提起した。

　Yは、甲土地はXから買い受けたものであり、乙土地はXから負担付贈与を受けたものであると主張し、これに対し、Xは、負担付贈与の取消しの主張をした。

<判　旨>

　裁判所は、Yは、本件負担付死因贈与契約に基づき本件負担の全部に類する程度の履行をしたと認定した上で、以下のように述べて、本件負担付死因贈与の撤回を認めず、Xの請求を棄却した。

　「本件負担付死因贈与契約がなされたのは、もともと快適な住まいで老後を送りたいと願う原告及びA〔著者注：Xの夫の妹〕の要望に基づくものであり、右契約締結の動機において原告にその必要がなかったということはできないこと、のみならず本件負担の内容は、原告及びAが死亡するまで原告らが本件建物に居住でき、しかも、毎月30万円の現金が原告らに支払われるというもので、この内容は原告にとっても利益と認められること、これに加えて前記認定のとおり本件負担付死因贈与契

約締結当時における本件乙土地の前記評価額と被告が現実に弁済した金額とを比較しても、なお、本件負担の価値と原告の贈与財産の価値の相関関係は右贈与財産の方が圧倒的に大きいとまではいい得ないばかりか、前記二1及び三認定のとおり、被告は、原告の夫Bの姪Cの夫であるという関係にあり、被告夫婦が、Bの死亡に際し相続税の申告等の手助けをしたり、家事手伝の人の世話等、原告やAの日常生活等につき物心両面において世話をしてきたこと、被告が原告の依頼に基づきD〔著者注：Xの夫の子と称する者〕との関係についても処理していること等の事実に徴すると、原告らが何かと被告夫婦を頼りにして来たものといわなければならず、かかる事実を併せ考えると、原告と被告との間に本件負担付死因贈与契約を締結、維持するための信頼関係が培われていたというべきであり、被告の本件負担の前記履行状況にもかかわらず、本件負担付死因贈与契約を取り消すことがやむを得ないと認められる特段の事情があるということはできない。

　したがって、原告は被告に対し本件負担付死因贈与契約を取り消すことができないものというべきである。」

〈解　説〉

　負担付死因贈与契約の撤回について、前記2の最高裁昭和57年4月30日判決に基づき、負担の全部に類する程度の履行がされていることを認定し、贈与財産の価値が負担の価値より圧倒的に大きいとはいえないこと、贈与者と受贈者との間に負担付死因贈与契約を締結、維持するための信頼関係があったことから、負担付死因贈与契約を撤回することがやむを得ない特段の事情があるとはいえないとした判例である。

4　下級審の撤回肯定説の判例

〇広島地裁昭和49年2月20日判決（判時752・70）

〈事案の概要〉

　Aは、昭和29年に、事実上の養子であったXに対し「自分が死んだら

本件不動産はXにやる。登記は、Xの名義にしておいてやる。」と言い、司法書士に登記手続を依頼したところ、同人の勧めで、本件不動産につきXと売買の予約をした旨の昭和29年9月付売渡予約証書を作成し、同日付けの売買予約を原因とする所有権移転請求権保全仮登記（本件仮登記）を経由した。

Aは、本件不動産に抵当権を設定して銀行より借入れをする必要が生じたため、Aが所持していたXの実印を使用して本件仮登記の抹消登記手続をなし、昭和40年4月本件不動産に根抵当権設定登記を経由した。

A死亡後に、Xは、Aの相続人であるYらに対し、本件不動産につき所有権移転請求権保全仮登記の抹消登記の回復登記手続と、仮登記に基づく本登記手続を請求する訴訟を提起した。

＜判　旨＞

裁判所は、以下のように述べて、死因贈与に民法1023条2項を準用して、死因贈与は抵当権設定の範囲のみで取り消されたものと判断した。

「死因贈与については、遺贈に関する規定が準用され（民法554条）、贈与者は、受贈者に対する意思表示によって何時でも死因贈与の取消をすることができるし（同法1022条）、死因贈与と贈与後の生前処分その他の法律行為と抵触する場合抵触する範囲において死因贈与を取消したものとみなされる（同法1023条2項）のである。」

「Aは本件死因贈与後に本件不動産上に（根）抵当権を設定したのであるから、本件死因贈与は、これと抵触する範囲において取消されたものとみなされ、結局、本件死因贈与は、（根）抵当権付の不動産の死因贈与として有効ということになる。」

＜解　説＞

死因贈与に民法1023条2項を準用して、死因贈与はその後の贈与者による（根）抵当権設定により、（根）抵当権設定の範囲で撤回されたものとみなされ、受贈者は、（根）抵当権付きの不動産を取得すると解した判例である。

本件では、贈与者が受贈者に無断で仮登記を抹消しているが、判決は、この点については何ら述べていない。

第3章 死因贈与の法律　　87

○宇都宮地裁昭和55年7月30日判決（判時991・102）

＜事案の概要＞

　Aは、昭和46年2月2日に、その所有する農地（本件土地）をYに死因贈与する契約公正証書を作成した。

　Aは、昭和48年2月26日に、本件土地をXに遺贈する旨の公正証書遺言をなした。

　Aは、同年4月に死亡した。

　Yは、農地法の許可を得て、本件土地につき所有権移転登記を了した。

　XはYに対し、所有権移転登記の抹消請求訴訟を提起した。

＜判　旨＞

　死因贈与については、裁判所は以下のように述べて、Yによる本件土地の所有権取得を認めなかった。

　「いわゆる死因贈与は「遺贈ニ関スル規定ニ従フ」（民法554条）と規定されているが、これは死因贈与が贈与者の死亡を法定条件として贈与の効力を生ずる契約であり、単独行為たる遺言による財産の無償譲与である遺贈とは法的性質を異にするものではあるが、両者とも等しく贈与者若くは遺贈者の死亡によってその効力を生ずる死後の財産に関する処分を目的とした行為であり、さらに相続財産から受贈者若くは受遺者が利益を得るなどの点で両者がともに贈与者若くは遺贈者の意思、経済上の目的を共通にしているところから、死因贈与という贈与者の死後の財産に関する処分については、遺贈と同様に、贈与者の最終意思を尊重し、これによって決するのを相当とするからにほかならず（最判昭和47年5月25日民集26巻4号805頁参照）、従って、死因贈与には、遺贈の効力に関する規定が準用されるものと解するのが相当である。

　これを本件についてみると、前示のとおり、本件死因贈与がなされたのは、昭和46年2月2日であり、本件遺贈がなされたのは、昭和48年2月26日であって、しかも、右両者はその内容においてすべて抵触するものであるから、訴外人〔著者注：A〕の最終意思を尊重し、前の遺言と後の遺言とが抵触する場合と同じく、民法1023条1項を準用して、本件死因贈

与はその後になされた本件遺贈により取消されその効力を失ったものといわねばならない。」

<解　説>

　前記2の最高裁昭和47年5月25日判決を引用して、死因贈与について民法1023条1項の準用を認め、後の遺贈による死因贈与の撤回を認めた判例である。

○東京高裁昭和57年10月28日判決（判タ497・122）

<事案の概要>

　Xは、本件土地を所有していた。

　Xは、昭和50年6月に、長女のYに本件土地を贈与したが、税金の負担等の理由から、昭和50年8月に、贈与契約を変更して死因贈与とし、同年12月3日にYに対し死因贈与を原因とする始期付所有権移転仮登記を経由した。

　Xは、昭和52年10月に、Yに対し死因贈与を取り消す旨を記載した内容証明郵便を出した。

　Xは、Yに対し、上記仮登記の抹消登記手続等を求める訴訟を提起した。

<判　旨>

　控訴審は、以下のように述べて、Xの請求を認めた。

　「死因贈与については遺言の取消に関する民法1022条がその方式に関する部分を除いて準用されると解すべきである（最高裁判所昭和47年5月25日第一小法廷判決民集26巻4号805頁参照）。そうすると、死因贈与者は理由の有無を問わず何時でもこれを取消すことができるのであるから、Xのした右死因贈与はXの右取消によりその効力を生じないものとなったといわなければならない。」

　「民法517条は、更改によって生じた債務が取消されたときは、旧債務は消滅しないものとする旨を定めているので、贈与が死因贈与に更改された場合において、右死因贈与が取消されたときは、右贈与は消滅しな

第3章　死因贈与の法律　　89

いことに帰するものと解すべきである。」

　さらに、裁判所は、Yは、Xを強迫し、これに畏怖したXをして昭和50年6月の贈与契約締結の意思表示をさせたとして、Xによる贈与の取消しを認めた。

＜解　説＞

　贈与が死因贈与に更改された事案について、民法1022条の準用による死因贈与の取消しを認め、死因贈与の取消しにより贈与は消滅しないが、贈与は受贈者の強迫によるものとしてその取消しを認めた判例である。

○東京地裁昭和63年6月27日判決（判時1306・56）

＜事案の概要＞

　X₁は、昭和38年に本件建物を購入したが、登記簿上は、売主から中間省略により、X₁と、夫と前妻との間の子であるX₂及びYの3名への所有権移転登記（共有持分各3分の1）がされた。

　X₁は、昭和54年5月に、本件建物の自己の持分の各2分の1につき、X₂とYに持分移転登記をした。

　X₁は、老後の扶養を依頼するために自己の死亡を条件としてX₁所有の本件建物の共有持分をX₂及びYに各2分の1宛贈与したが、Yは、扶養義務を尽くさず、背信行為を繰り返しているとして、昭和60年5月に死因贈与契約を解除又は撤回する意思表示をした。

　X₁は、Yに対し、本件建物の共有持分権の抹消に代わる移転登記等を求める訴訟を提起した。

＜判　旨＞

　裁判所は、以下のように述べて、本件建物の持分の移転登記の実質は死因贈与であるが、負担付きであったとは認められないとし、X₁の死因贈与の撤回を認めた。

　「本件建物につき、昭和38年5月24日付で前記のとおり3名への所有権移転登記（共有持分各3分の1宛）をした趣旨は、原告X₁の名義にしておくと、同原告とは法律上親子関係のない原告X₂及び被告Yにはこれが

相続されない結果となることを慮り、かつ依然として原告X₁の所有であることをも示すため、原告X₁の死亡を条件として、右3分の1宛の持分を原告X₂及び被告Yに贈与するにあったものであり、これが原告X₁の意思であったものと認めるのが相当である。」

「死因贈与については、遺贈の規定に従うものとされており（民法第554条）、双務契約に関する民法の規定は適用されない。そして準用される、遺贈の規定の中には、遺言の取消しに関する民法第1022条（その方式に関する部分を除く。）の規定にも含まれると解される。」

＜解　説＞

　建物の持分の移転登記が、死因贈与であると認定した点は、参考になる。

　死因贈与の撤回については、最高裁の撤回肯定説を踏襲したものである。

○東京地裁平成7年10月25日判決（判時1576・58）

＜事案の概要＞

　Xは、平成3年12月に、二男Yとの間で、本件土地建物について下記の内容の負担付死因贈与の合意書を締結し、Yは、Xの死亡を始期とする始期付所有権移転仮登記を了した。

① 　YはXに対し、死因贈与契約時よりXの在世中、責任をもってXを介護する。

② 　YがXよりも先に死亡した場合には、XはYの相続人に本件土地及び本件建物を死因贈与する。

　Xは、平成5年9月にYに対し、死因贈与を取り消す旨の意思表示をした。

　Xは、Yに対し、上記仮登記の抹消等を求める訴訟を提起した。

＜判　旨＞

　裁判所は、以下のように述べて、負担付死因贈与の撤回を認めた。

「民法1022条は、負担の付かない死因贈与に準用されるものと解すべ

第3章　死因贈与の法律　　91

きであり、死因贈与契約において民法554条により準用される遺贈の規定には民法1022条の取消についての規定は含まれないとするYの主張は採用できない。

　もっとも、負担の履行期が贈与者の生前と定められた負担付死因贈与契約に基づいて受贈者が約旨に従い、負担の全部又はこれに類する程度の履行をした場合には、贈与者の最終意思を尊重するあまり、受贈者の利益を犠牲にすることは相当でない。そのような場合には、死因贈与契約締結の動機、負担の価値と贈与財産の価値との相関関係、死因贈与契約上の利害関係者間の身分関係その他の生活関係等に照らして負担の履行状況にもかかわらず、負担付死因贈与契約の全部又は一部の取消をすることがやむをえないと認められる特段の事情がない限り、民法1022条の取消についての規定は準用すべきでないといえる。」

　「本件をみるに、死因贈与契約において、Yの負担とされているのが、契約成立日（平成3年12月6日）からXの生存中、責任をもってXを介護することである。

　《証拠略》によれば、XがYの妻の介護を受けていたのは、Xが平成5年8月17日に戊田病院を退院するまでであり、それ以降は、Xの長男夫婦がXの世話をするようになったことが認められる。

　とすると、平成5年8月17日までのY夫婦のXの介護をもって、負担の全部又はそれに類する程度の履行をしたといえるかが問題となる。

　たしかに、前述したように、Y夫婦（特にYの妻である甲野春子）は、約5年間にわたってXと同居して、自分を犠牲にしてXを介護し、別居後もXの世話をしていたものであり、右行為は高く評価すべきであるが、現在、Xは長男夫婦の世話を受け今後も右状態が長期間にわたって続くものといえることから、平成5年8月17日までのY夫婦のXの介護をもって、負担の全部又はそれに類する程度の履行をしたとまではいうことはできないものといえる。

　結局、本件死因贈与契約は、平成5年9月4日にXによって取消されたものといえる。」

＜解　説＞

　贈与者の生存中介護をすることを負担とする不動産の負担付死因贈

について、前記2の最高裁昭和57年4月30日判決を前提として、5年間の介護では負担の全部又はそれに類する程度の履行をしたとはいえないとして、負担付死因贈与の撤回を認めた判例である。

5 判例に基づく死因贈与の撤回に関する考察

上記の判例の分析から、現在の死因贈与の撤回に関する判例の考え方は、以下のようにいえるだろう。

まず、判例で死因贈与の撤回が認められた事例のほとんどは、死因贈与の書面が作成され、死因贈与対象不動産について仮登記がされている場合である。

したがって、判例は、死因贈与の書面が作成されていること並びに死因贈与の対象不動産に仮登記がされていることを、民法1022条、1023条を準用して撤回を認める障害とは考えていないといえる。

次に、判例が死因贈与の撤回を認めないのは、受贈者が死因贈与を期待する相当の理由がある場合である。

前記3の名古屋地裁平成4年8月26日判決の事案では、死因贈与の受贈者Xが、祖父CのXに対する遺贈を事実上放棄してBに相続させることに対応して、BがXに死因贈与をしており、死因贈与は、実際上Xの遺贈放棄と相関関係に立っているものであった。

このような場合には、受贈者Xが死因贈与を期待する相当の理由がありその期待は保護されるべきであるとの考えがあると思われる。

6 判例に基づく負担付死因贈与の撤回に関する考察

負担付死因贈与の撤回については、前記2の最高裁昭和57年4月30日判決の最高裁判例が確立しているといえよう。

すなわち、負担の履行期が贈与者の生前と定められた負担付死因贈

与契約に基づいて、受贈者が負担の全部又はそれに類する履行をした場合には、特段の事情がない限り、民法1022条、1023条を準用せず、負担付死因贈与の撤回はできないということである。

したがって、争点は、①受贈者が負担の全部又はそれに類する程度の履行をしたかどうか、②それにもかかわらず負担付死因贈与契約の撤回をすることがやむを得ないと認められる特段の事情があるかの点になる。

前記3の東京地裁平成5年5月7日判決は、受贈者が負担の全部に類する程度を履行したと認定し、他方前記4の東京地裁平成7年10月25日判決は、贈与者の生存中介護をする負担について、5年間の介護では負担の全部又はそれに類する程度の履行をしたとはいえないとしたものである。

7 民法1026条の死因贈与への準用の有無

民法1026条は、「遺言者は、その遺言を撤回する権利を放棄することができない。」と定める。

この民法1026条が死因贈与に準用されるか、すなわち、死因贈与契約で、贈与者が当該死因贈与契約を撤回する権利を放棄した場合に、その撤回権の放棄は有効と認められるかが問題となる。

この点に関する判例は見当たらない。

学説ではこの点に触れるものは少ないが、前述の遺言撤回規定の死因贈与への準用を認めない撤回否定説によれば、民法1026条も死因贈与に準用されないということになろう。

遺言撤回規定の死因贈与への準用を認める撤回肯定説に立った学説の中にも、民法1026条の死因贈与への準用を認めない説がある。

(1) 準用否定説

ア 末弘説

末弘説は、任意取消権を伴うをもって遺贈の必要的性質であるとし

てその放棄を許さないローマ法の下においても死因贈与については取消権の放棄を許したるのみならず、民法554条はこれを強行法規なりと解すべき根拠は毫も存せず、当事者の特約をもって遺贈に関する規定中あるものの準用を排除することは何ら差支ないと述べる。

　イ　三宅説

　三宅説は、「死因贈与者が、生前処分の自由は有しながら、特に死因贈与取消権を放棄する特約をすれば、この特約を無効とする理由はない」と述べる（三宅正男『契約法（各論）上巻（現代法律学全集9）』56頁（青林書院新社、1983））。

　(2)　準用肯定説

　田中永司ほか『遺言法体系Ⅰ』459頁以下（慈学社出版、補訂版、2015）は、「これまでの裁判例で準用が認められた1022条、1023条1項を含む遺言の撤回に関するすべての規定（1022から1026）は、遺言に特有のもの（1024の遺言書の破棄）を除き、個々の事案において前記のとおり準用が否定される例外的な場合があるにしても、原則としては、死因贈与に準用を認めてよいであろう。」と述べ、準用否定説に対し、「贈与者の最終意思を尊重する趣旨からすれば、信義則による取消不許を認める一事情とするは格別、取消権の放棄に法的拘束力を認めるのはいかがなものであろうか。」と述べる。

　遺言撤回の自由は、遺言自由の重要な一面であり、遺言撤回権の放棄が認められない理由としては、第1に遺言は遺言者の最終意思を尊重することを建前としていること、第2に遺言作成の時とその効力発生の時との間にはかなりの時間的へだたりがあり、また事情変更もあり得るから、遺言者が当初の意思に永久に拘束されるとすることは遺言者にとり酷であること、第3に遺言の撤回により何人の利益を害するものでないことが挙げられている（谷口知平ほか編『新版注釈民法(28)相続(3)』428頁〔山本正憲〕（有斐閣、増補版、2012））。

　この理由のうち、死因贈与の撤回の場合には、受贈者の期待権を害

第3章　死因贈与の法律　　95

することになるので（この点にも異なる考えはあるが）、第3の理由を
死因贈与の撤回に適用するのは無理であろう。

　第1の理由については、死因贈与に関する考え方によるが、「死因贈
与は贈与者と受贈者間の契約であって、贈与者の終意処分ではないの
であるから、原則的には、贈与者の最終意思を尊重しなければならな
い特別の理由はないというべきである。」（山崎健一「遺言・死因贈与とそ
の取消」加藤一郎ほか編『家族法の理論と実務』388頁（判例タイムズ社、1980））
との考えもある。

　第2の理由は、死因贈与にも該当するが、この理由は第1の理由の補
充的なものであろう。

　とすると、民法1026条は死因贈与には準用されないとの説も十分理
由があると思われる。

　そこで、死因贈与の撤回を防止したい場合には、書面の死因贈与契
約に、贈与者は死因贈与の撤回権を放棄する旨を記載しておくこと、
更にできれば撤回権を放棄する具体的事情をも記載しておくことは、
考慮する方策であろうと思われる。

第4　贈与者死亡後の死因贈与の撤回

1　贈与者死亡後の死因贈与の撤回の理論

　民法554条に基づき準用の可否が問題となる民法1022条、1023条の規定は、遺言者による遺言の撤回に関する規定である。

　これらの規定を死因贈与に準用した場合であっても、その撤回は、贈与者自身が生前に死因贈与を撤回した場合に限られる。

　したがって、贈与者死亡後に死因贈与を撤回できるかについては、民法1022条、1023条の規定は関係ないことになる。

　この点について、阿部氏は、この「撤回権は、贈与者固有の権利（一身専属権）と解されるから、」相続人による撤回はあり得ない（阿部徹「相続人による遺言・死因贈与の取消」判タ688号373頁（1989））との説明をしている。

　贈与者の死亡後に、贈与者の相続人が死因贈与を撤回できるかについては、民法550条の適用の有無が問題となる。

　民法550条は、「書面によらない贈与は、各当事者が撤回することができる。ただし、履行の終わった部分については、この限りでない。」と定める。

　この民法550条が死因贈与にも適用されることについては、判例・学説上はほぼ争いがない。

　そして、民法550条に基づく撤回権は、相続人に承継され、贈与者死亡後に贈与者の相続人が、民法550条に基づき死因贈与の撤回ができると解するのが通説・判例である。

　なお、死因贈与について「一旦効力が生じたあとは、書面によらない場合でも相続人は取消しえないと解すべきであろう。遺贈が遺言者の生前浮動的であるが、効力が発生すれば、受遺者の意に反して効力

第3章　死因贈与の法律　　97

を動かしえないのとパラレルに扱うわけである。」（加藤永一「贈与」民法総合判例研究刊行会編『叢書民法総合判例研究第9巻（58）Ⅱ』87頁・98頁（一粒社、1982））との説もある。

　しかし、死因贈与の撤回に関する学説と、民法550条の死因贈与への適用に関しては、若干疑問はある。

　死因贈与に民法1022条、1023条の規定の準用を否定する撤回否定説によれば、死因贈与は、民法1022条、1023条による撤回はできないのであるから、民法550条による撤回を否定する理由はない。

　しかし、死因贈与に民法1022条、1023条の準用を認める撤回肯定説によれば、「1022条、1023条は遺言者自身による遺言の撤回を前提としており、撤回権は遺言者が死亡しても相続人には承継されない。肯定説が、書面によると否とを問わず、この規定の準用を認めるならば、書面によらない場合も相続人はその撤回を主張できないはずである。」（篠田昌志「贈与－死因贈与の取消」森泉章先生古稀祝賀論集『現代判例民法学の理論と展望』479頁（法学書院、1998））との考えもあり得る。

　この点に関して、撤回肯定説の中川淳教授は、死因贈与には遺言の方式に関する規定まで準用されるものではないので、死因贈与について民法550条の適用を排除すべき必要はないと解すべきであると述べている（中川淳「贈与と書面」契約法大系刊行委員会編『契約法大系Ⅱ』23頁（有斐閣、1962））。

　しかし、贈与者死亡後の死因贈与の撤回に関する民法550条の適用の問題が、はたして方式の問題であるかは疑問なしとしない。

　民法550条に基づく死因贈与の撤回権は時効にかからないと考えられている。

　すなわち、「撤回権は時効にもかからず除斥期間の定めもなく、要するに時の経過のみによって消滅することのないことに、注意すべきである。すなわち、126条（および124条）の適用のないことは上述した

ところであるが、167条2項もまた撤回権には適用がないのであって、時の経過によって受贈者の債権が消滅することはありうるが、この債権の存続中に撤回権のみが時の経過によって消滅するということは、撤回を認めた趣旨からも時効制度の精神からもこれを考えることができないのである。」（柚木馨＝高木多喜男編『新版注釈民法(14)』46頁〔柚木馨・松川正毅〕（有斐閣、1993））と解されている。

2 贈与者死亡後の死因贈与の撤回を認めた判例

○横浜地裁昭和37年7月28日判決（判タ135・99）
＜事案の概要＞
　Aは、昭和30年5月20日に、関係の深かった親族のXに本件土地を死因贈与する書面によらない契約をした。
　Aは、昭和34年12月に死亡したが、相続人がいなかったために、その財産はY法人となり、家裁よりB、Cが相続財産管理人に選任された。
　Xは、Yに対し、本件土地につき、昭和30年5月20日贈与を原因とする所有権移転登記手続を請求する訴訟を提起した。
＜判　旨＞
　裁判所は、以下のように述べて、Xの請求を棄却した。
　「死因贈与も贈与の一種であるから、前記法条〔著者注：民法550条〕の適用を受けるものと解すべく従つてAは右贈与の取消権を有していたものというべく、右取消権は一身専属権ではないから、Yは同人の死亡により右取消権を承継取得したことになる。Xは、死因贈与については、遺贈に関する規定が準用されるところ、民法第1022条の解釈として遺贈の取消権者は遺言者本人であることを要し、代理人又は承継人はこれを取消すことができないから、遺言者本人でないYの財産管理人はこれを取消すことができないと抗弁するが、Yの財産管理人は民法第550条による取消権を主張するもので、同法第1022条による取消権を行使するものではないことYの主張自体明かであるから、Xの右抗弁はその前提を欠き理由がない。」

第3章　死因贈与の法律　　99

<解　説>
　書面によらない死因贈与について、相続財産法人は、被相続人の有した死因贈与の取消権を承継取得するとして、相続財産管理人による死因贈与の取消し（撤回）を認めた判例である。

○東京高裁平成3年6月27日判決（判タ773・241）
<事案の概要>
　Aは、子がなかったため、X₁X₂夫婦（Xら）と養子縁組をしたが、Xらとは疎遠になっていた。
　昭和62年2月20日に、Aは、Bと一緒に弁護士事務所を訪問し、自分の財産は全てBにやる、その代わりBは自分の姪のCに300万円をやってほしい旨の話をし、弁護士はメモを取った。
　その場に立ち会っていたBは、この話に特段異を唱えなかった。
　弁護士は、公正証書遺言をすることを勧め、その日は、公正証書遺言を作成するための書類が足りなかったので、後日公正証書遺言を作成することとした。
　しかし、Aは、その3日後の2月23日に交通事故で死亡した。
　Aは、Yらに対し貸金を有していたので、Aの相続人であるXらは、Yらに対し、貸金返還請求訴訟を提起した。
　Yらは、本貸金は、Bに死因贈与されている等と主張した。
<判　旨>
　裁判所は、AとBとの間に死因贈与契約が成立したことを認めた上で、以下のように述べて、Xらの請求を認めた。
　「一般に、贈与が書面によってされたというためには、贈与の意思表示自体が書面によってされたこと、又は書面が贈与の直接当事者間において作成され、これに贈与その他の類似の文言が記載されていることは、必ずしも必要でなく、当事者の関与又は了解の下に作成された書面において贈与のあったことを確実に看取し得る程度の記載がされていれば足りるものと解すべきである（最高裁昭和53年（オ）第831号同53年11月30

日第一小法廷判決、民集32巻8号1601頁参照）。ところで、本件死因贈与についてみれば、これに触れている書面としては＜証拠＞（Ｙら代理人作成のメモ）と＜証拠＞（Ｙら代理人作成の陳述書）の書面があるにとどまる。しかし、このうち、前者は、相続関係図が記載されているほか、「不動産はＢに、Ｂは善処する。」という記載がされているのみで、この文面からＡの贈与意思が確実に看取し得るとは到底いえない。また、後者は、Ｙ代理人がＡ死亡後、本件訴訟のために作成した陳述書にすぎず、この書面がＡの関与ないし了解の下に作成されたものとは到底認められない。したがって、右各書面をもってしては、本件死因贈与を書面による贈与と認めることはできず、結局、本件死因贈与は書面によらない贈与といわざるを得ない。」

「民法550条が書面によらない贈与は取り消すことができると定めたのは、遺贈と異なり厳格な方式の定めがない贈与においては、口頭のような簡単な方法で意思表示ができることから、軽率にこれをして後日後悔する事態も考えられるので、それを防止し、また、書面が残されていないため贈与者の真意が不明確になって後日紛争が起きることが考えられることから、それを防ぐことを目的としたものである。一方、一般に、贈与者が死亡したときは、この取消権は当然その相続人に承継され、相続人において取り消すことができると解されている。むしろ、この贈与者死亡のときこそ、贈与に書面を必要としたことの趣旨がはっきり表れるといえる。すなわち、贈与者死亡後に口約束で贈与があったと主張され、紛争が生じた場合は、死人に口なしで贈与意思の有無を決し難いことが多いのであって、その場合にこそ、相続人は書面によらないことを理由に取消権を行使して、紛争を防止することができるのである。そして、なるほど、死因贈与は、贈与者の死後の財産処分という意味で、遺贈とその果たす役割が共通していることは確かであるが、死因贈与も贈与の一種であって、その方式については遺贈のような厳格な要件が必要とされていないのであるから、前記のような550条の立法趣旨はそのまま妥当するのであって、同条の適用を排斥して死因贈与についてだけ贈与者の死後は相続人が取り消すことができないとする理由はない。」

第3章 死因贈与の法律　　101

＜解　説＞

　書面によらない死因贈与について、贈与者が死亡した場合、その撤回権はその相続人に承継され、相続人が撤回できることを明確に述べた判例である。

　特に、民法550条の趣旨を贈与者の真意が不明確になって後日紛争が生ずることを防止する点にあるとし、この趣旨は贈与者死亡のときこそはっきり表れると述べた点が注目される。

3　贈与者死亡後の死因贈与の撤回を否定した判例

○福岡地裁昭和30年9月29日判決（下民6・9・2058）

＜事案の概要＞

　Aは、昭和22年10月26日に死亡した。

　Aの相続人は、兄弟姉妹4名（Xら）である。

　Aには、内縁の妻（Y）があり、Aは、昭和22年5月胃がんと診断されたことから、同年9月頃、Yに対し婚姻の届出をするように指示し、その所有する一切の資産はYの自由に任せると言明した。

　Aは、Yに婚姻届に記入させこれを提出する準備をしたが、提出が遅れているうち死亡した。

　XらはYに対し、相続物件（本件物件）の引渡し等を求める訴訟を提起した。

＜判　旨＞

　裁判所は、平成22年9月頃に、Aは、その所有する本件物件等一切をYに口頭で贈与したと認定し、以下のように述べて、Xらの贈与取消しの主張を排斥して、Xらの請求を棄却した。

　「該契約成立の際占有改定の方法によりその履行は完了されているものと解すべきであるから、右取消の意思表示は何等の効力を生じ得ない。のみならず、本件の如き事案の下において相続人が被相続人の為した贈

102 第3章 死因贈与の法律

与の取消を為すが如きは書面に依らざる贈与の取消を認めた法意を著しく越脱するものであつて、正に権利の濫用と認むべきである。」

＜解　説＞

　書面によらない贈与の相続人による撤回について、権利濫用を認め、また動産の贈与については占有改定の手法により履行が完了していると認めた判例である。

○東京地裁平成28年4月19日判決（平26（ワ）30795・平27（ワ）4344）

＜事案の概要＞

　Aは、医師であり、平成25年10月27日に死亡した。

　Aには子、夫がなく、相続人は、兄弟Dの代襲相続人X、X_1、X_2、F（Fは、X_2に相続分譲渡）と兄弟Eの代襲相続人Y、Y_1、Y_2（Yら）である。

　A名義の貸金庫には、以下の物が収納されていた。

① 大判封筒　表面にX、X_1、X_2様と書かれ、本件土地建物の登記済権利書の原本が入っていた。

② 封筒　X_3様宛、現金300万円が入っていた。（本件収納物1）

③ 封筒　X_4様宛、現金300万円が入っていた。（本件収納物2）

　X_3は、Aの家の家政婦であり、X_4は、Aが運営していた医院の助手兼事務員であった。

　X、X_1、X_2（Xら）は、Yらに対し、本件土地建物につき死因贈与を原因とする所有権移転登記手続を、X_3及びX_4は、封筒内の現金につき所有権確認を求める訴訟を提起した。

＜判　旨＞

　裁判所は、以下のとおり、各死因贈与契約の成立を認めた。

　①について「Aは、平成8年頃、本件貸金庫内にXら3名を宛先として明記した封筒に本件土地建物の登記済証の原本を収納するとともに、信頼していた原告X_4に本件貸金庫の鍵とカードの保管場所及び暗証番号

第3章　死因贈与の法律　　103

を教えて自らの死後の対応を託していたこと、入院後の平成25年8月
～10月には、Aは、毎日のように見舞いに訪れていたX₂に対し、本件土
地建物は自分の死後Xら3名にあげたいという意思を口頭で伝え、X₂を
通じてXら3名がこれを承諾する意思をAに伝えたものと認められる。
以上によれば、同年9月頃、AとXら3名との間で、本件土地建物の死因
贈与契約が口頭で成立したものと認めることができる。」

　②について「Aは、平成8年頃、宛先「X₃様」（これがX₃を指すことは
明らかである。）とする封筒に現金合計300万円を入れて本件貸金庫内に
本件収納物1を収納するとともに、信頼していたX₄に本件貸金庫の鍵と
カードの保管場所及び暗証番号を教えて自らの死後の対応を託していた
こと、平成25年春の母の日の頃、Aは、X₃に対し「貸金庫にあるものを
受け取ってほしい」と告げ、X₃はこれを了承したことが認められる。こ
れによれば、平成25年春頃、AとX₃との間で、本件収納物1についての
死因贈与契約が口頭で成立したものと認めることができる。」

　③について「Aは平成8年頃、X₄を宛先として明記した封筒に現金合
計300万円を入れて、本件貸金庫内に本件収納物2を収納するとともに、
X₄に対し、本件貸金庫の鍵とカードの保管場所及び暗証番号を教えて
自らの死後の対応を託すとともに、「あなたへのお礼も入っているから、
もらってちょうだい」と告げたこと、X₄はこれを了承したことが認めら
れる。これによれば、平成8年頃、AとX₄との間で、本件収納物2につい
ての死因贈与契約が口頭で成立したものと認めることができる。」

　そして、Yらの死因贈与の撤回の主張に対しては、以下のように述べ
て、これを排斥し、Xら及びX₃、X₄の請求を認めた。「Yらは、上記各
死因贈与の撤回（民法550条）を主張する。しかし、撤回権の行使は民法
252条所定の管理行為に当たると解されるから、Aの地位を承継したX
ら3名及びYらの持分の過半数による決議が必要というべきであるが、
Yらの持分を合計しても過半数に達しない。したがって、Yらだけの判
断で上記各死因贈与を撤回することはできないのであり、Yらの上記主
張は採用することができない。」

<解　説>
　受贈者の名前を書いた封筒に入っていた登記済権利証及び現金をもっ
て、死因贈与の成立を認めた点で実務上興味深い。
　また、民法550条に基づく相続人の撤回権の行使について民法252条所
定の管理行為とし、Yらの相続分が2分の1であることから過半数に達し
ないとして、死因贈与の撤回を認めなかった点も重要である。

4　民法550条の贈与の書面に関する最高裁判例

　上記のとおり、書面によらない死因贈与は、民法550条に基づき、贈
与者の相続人が撤回できるとするのが、確立した判例である。

　逆に言えば、贈与者の相続人は、書面による死因贈与を撤回するこ
とはできない。

　そのため、死因贈与が書面によるものかどうかが問題となる。

　そこで、ここでは、贈与の書面に関する主要な最高裁判例を挙げる。

○最高裁昭和37年4月26日判決（民集16・4・1002）
<事案の概要>
　Aは、本件土地（農地）を所有していたが、昭和27年12月に死亡した。
Aの相続人であるX（弟）は、相続放棄をした。

　相続人のY（兄）は、Xを分家させるべく、本件土地につき宅地とし
て転用することを目的として、本件土地をXに無償贈与する旨を記載し
た農地法の許可申請書を作成して、提出した。

　XはYから本件土地の贈与を受けたとして、本件土地の所有権移転登
記手続を求める訴訟を提起した。

　Yは、贈与を争い、仮に贈与契約があったとしても書面によらないも
のであるとして、その取消しの意思表示をした。
<判　旨>
　一審、二審ともXの請求を認めた。
　上告審も以下のように述べて、Yの上告を棄却した。

第3章　死因贈与の法律　　　105

　「甲第5号証には冒頭に譲渡人Y譲受人Xと各記載され、各その名下に捺印があり、次にその内容を見るに、「3、権利を移転しようとする事由の詳細」として、本地のうち1畝15歩については昭和24年2月22日農林省告示第143号により転用の承諾を得て現に宅地に使用中であるが、今回正式に譲渡するため測量のところ申請面積が必要となり止むなく再申請して贈与することにした旨の記載あり、次いで、「4、権利を「移転」しようとする契約の内容」として、無償贈与とする旨の記載あり、これを以て見れば、譲渡人から譲受人に対し本件土地を無償贈与する意思が十分に表示されているから、右は坊間贈与者と受贈者との間に作成或は交換される形式の書面とは異なるけれども、その内容は民法550条にいわゆる書面による贈与と認めて妨げないもの」

＜解　説＞

　贈与者が本件土地を受贈者に無償贈与する旨を記載し、贈与者及び受贈者が連署、捺印した県知事宛の農地転用許可申請書を、贈与の書面と認めた判例である。

○最高裁昭和53年11月30日判決（判時911・108）

＜事案の概要＞

　Yは、家督相続した財産を女性関係のために処分してしまうおそれがあったため、娘のAは、Yに対し財産処分禁止請求の家事調停申立てをした。調停では、Yの妹であるXが利害関係人として参加し、「Yは、（中略）の宅地143坪5合の中、約45坪（別紙図面記載のX所有部分、本件土地）を除いた部分等を処分しようとするときには、Aと約10日前に相談の上なすこと」との内容の調停が成立した。

　Xは、Yに対し、本件土地の所有権移転登記手続を求める訴訟を提起した。

＜判　旨＞

　一審、二審ともに、本件調停調書を贈与書面に当たるとして、Xの請求を認めた。

上告審は、以下のように述べて、Yの上告を棄却した。

「上告人の娘であるAがYを相手方として申し立てた財産処分禁止請求調停事件において、申立人であるA及び相手方であるYのほか、利害関係人としてXら2名が参加して調停が成立し、調停調書が作成されたが、同調停調書には、「Yは、前記8番2の宅地のうち約45坪（別紙図面記載のX所有部分）を除いた部分及びその他の土地建物を処分しようとするときには、Aと約10日前に相談のうえでする」旨の調停条項が記載されているところ、このように前記8番2の宅地のうち約45坪の土地部分（本件土地がこれにあたる。）をX所有部分として除外する旨の記載がされたのは、右調停に際して、YとXとの間で右土地部分を贈与する旨の合意が成立したためである、というのであるから、同調停調書は、贈与の当事者であるY及びXの関与のもとに作成された書面において、本件土地の所有権が贈与によりXに移転し同人に帰属したことを端的に表示したものとして、民法550条にいう書面にあたるものと解するのが相当である。けだし、同条が書面によらない贈与を取り消しうるものとした趣旨は、贈与者が軽率に贈与を行うことを予防するとともに贈与の意思を明確にし後日紛争が生じることを避けるためであるから、贈与が書面によってされたものといえるためには、贈与の意思表示自体が書面によってされたこと、又は、書面が贈与の直接当事者間において作成され、これに贈与その他の類似の文言が記載されていることは、必ずしも必要でなく、当事者の関与又は了解のもとに作成された書面において贈与のあったことを確実に看取しうる程度の記載がされていれば足りるものと解すべきだからである。」

＜解　説＞

贈与者及び受贈者が参加した調停の調停調書において、対象土地が、受贈者所有部分と記載されていることから、この調停調書を贈与の書面と認めた判例である。

この判例は、民法550条の贈与書面の解釈に関する最高裁判例として確立しているといえよう。

第3章　死因贈与の法律　　107

○最高裁昭和60年11月29日判決（民集39・7・1719）

<事案の概要>

　Aは、昭和42年2月から4月にかけて、各土地、預金債権をY（Aの亡妻と他の男性間に生まれた子）に贈与した。本件土地は、前主BからAに所有権移転登記がされていなかったため、Aは司法書士Cを介して、Bに対し、直接Yへの移転登記手続を求める内容証明郵便を出した。

　Aは、昭和42年6月に死亡した。

　Aの相続人である子のXらは、Yに対し、本件土地の持分確認等の請求訴訟を提起した。

<判　旨>

　原審は、Xらの請求を棄却し、上告審も以下のように述べて、Xらの上告を棄却した。

　「民法550条が書面によらない贈与を取り消しうるものとした趣旨は、贈与者が軽率に贈与することを予防し、かつ、贈与の意思を明確にすることを期するためであるから、贈与が書面によってされたといえるためには、贈与の意思表示自体が書面によっていることを必要としないことはもちろん、書面が贈与の当事者間で作成されたこと、又は書面に無償の趣旨の文言が記載されていることも必要とせず、書面に贈与がされたことを確実に看取しうる程度の記載があれば足りるものと解すべきである。これを本件についてみるに、原審の適法に確定した事実によれば、Xらの被相続人である亡Aは、昭和42年4月3日Yに○○市××宅地165.60平方メートルを贈与したが、前主であるBからまだ所有権移転登記を経由していなかったことから、Yに対し贈与に基づく所有権移転登記をすることができなかったため、同日のうちに、司法書士Cに依頼して、右土地をYに譲渡したからBからYに対し直接所有権移転登記をするよう求めたB宛ての内容証明郵便による書面を作成し、これを差し出した、というのであり、右の書面は、単なる第三者に宛てた書面ではなく、贈与の履行を目的として、亡Aに所有権移転登記義務を負うBに対し、中間者である亡Aを省略して直接Yに所有権移転登記をすることについて、同意し、かつ、指図した書面であって、その作成の動機・経緯、

方式及び記載文言に照らして考えるならば、贈与者である亡Aの慎重な意思決定に基づいて作成され、かつ、贈与の意思を確実に看取しうる書面というのに欠けるところはなく、民法550条にいう書面に当たるものと解するのが相当である。」

＜解　説＞

　上記の最高裁昭和53年11月30日判決を採用して、贈与者が、司法書士を通じて元所有者に対し、対象土地を受贈者に譲渡したので、直接受贈者に移転登記をするよう求めた内容証明郵便をもって、贈与の書面と認めた判例である。

5　民法550条の贈与の書面に関する判例の考察

　上記のとおり、判例は、民法550条の贈与の書面をかなり広く解している。

　まず、贈与書面が贈与当事者間で作成されたことを要求しておらず、第三者との間で作成された書面でも贈与の書面と扱われる場合がある。さらに書面の交付についても、受贈者に現実に交付されることがなくとも書面による贈与の成立を認める場合がある。

　この判例の考えは、死因贈与の書面においても同様に考えられる。

　したがって、贈与者死亡後に死因贈与の撤回が問題となった場合には、死因贈与の契約書がない場合であっても、死因贈与の書面と認められる書面があるかどうかをよく検討する必要があろう。

第3章　死因贈与の法律　　　109

第5　負担付死因贈与の解除・取消し

1　負担付死因贈与

負担付贈与とは、受贈者が一定の給付をする債務を負担する贈与をいうと解されている（通説、柚木馨＝高木多喜男編『新版注釈民法(14)』57頁〔柚木馨・松川正毅〕（有斐閣、1993））。

また、死因贈与は、贈与者の死亡によって効力を生ずる贈与をいうと解されている（通説、柚木＝高木・前掲68頁）。

したがって、負担付死因贈与は、受贈者が一定の給付をする債務を負担する贈与者の死亡によって効力を生ずる贈与をいうことになる。

負担については、その定義の曖昧さが指摘されており、条件との異同が問題になる。

一般には、負担は贈与者が受贈者に課する拘束性のある債務であり、拘束性のある債務とする合意がない場合には、条件と解される。（柚木＝高木・前掲58頁）。

また、負担を先履行とすることができるかが問題となるが、通説判例は負担を先履行とする負担付贈与を認めており、また判例は負担を先履行とする死因贈与についてもこれを認めている（最判昭57・4・30判タ470・116ほか）。

具体的事案において、負担付死因贈与といえるか、負担の内容は何かについて認定が困難な場合が少なくない。

東京地裁昭和51年6月29日判決（判時853・74）は、受贈者である養子が贈与者である養親の生活の世話及び死後の墓守をすることを贈与の負担と認定している。

また、東京高裁昭和52年7月13日判決（判時869・53）は、受贈者が老齢に達した贈与者を扶養し、円満な養親子関係を維持し、贈与者から受

けた恩愛に背かないことを贈与の負担と認定し、この判断は最高裁でも維持されている（最判昭53・2・17判タ360・143）。

東京高裁昭和56年11月2日決定（判時1030・39）は、被相続人と共同相続人うち二人との間で締結された建物、賃借権等の財産の死因贈与契約書に「但シ他人ニハ譲渡セザル事ヲ条件トスル」との文言があった事案について、これを負担とは認めていない。

2　負担付死因贈与の解除

民法553条は、「負担付贈与については、この節に定めるもののほか、その性質に反しない限り、双務契約に関する規定を準用する。」と定める。

この民法553条が負担付死因贈与に準用されることについては、特に論じられていないが、異論はないであろう。

したがって、民法553条に基づき、負担付贈与の負担の不履行に関しては、民法540条から543条の契約解除の規定が準用され、負担付死因贈与についても同様と解される。

3　負担付死因贈与の解除に関する判例

○東京高裁昭和54年12月20日判決（判タ409・91）

＜事案の概要＞

Aは、本件土地及び本件債権を有していたが、昭和48年2月にこれらを甥夫婦のXらに死因贈与することを書面で約した。

Aは、昭和52年4月に死亡した。

Yらは、Aの相続人であり、本件土地について昭和52年9月に、所有権移転登記を了した。

Xらは、Yらに対し、本件土地について所有権移転登記手続及び本件

第3章　死因贈与の法律　　111

債権がＸらに帰属することの確認を求める訴訟を提起した。

　Ｙらは、死因贈与契約の成立を争うとともに、①Ａは、民法554条が準用する民法1022条及び1023条により、本件死因贈与契約を撤回した、②本件死因贈与契約には、ＸらがＡの生活費、医療費、家政婦代を負担し、かつＡを看護、救護する負担が付されていたが、Ｘらがこの負担を履行しなかったため、ＹらはＡの相続人として本件死因贈与契約を解除したと主張した。

＜判　旨＞

　一審は、Ｘらの請求を認め、控訴審も、Ａが本件負担付死因贈与契約を取り消したことはないと認定し、またＸらには、負担の不履行はないとして、Ｙらの控訴を棄却した。

＜解　説＞

　負担付死因贈与契約に民法1022条、1023条の撤回規定が準用されることを前提に、贈与者が負担付死因贈与契約を撤回したとは認められないとした。また、負担付死因贈与契約の負担が不履行の場合に、贈与者の相続人が負担付死因贈与契約を解除できることを前提に、負担の不履行がないとした判例である。

4　負担付死因贈与の取消し

　民法1027条は、「負担付遺贈を受けた者がその負担した義務を履行しないときは、相続人は、相当の期間を定めてその履行の催告をすることができる。この場合において、その期間内に履行がないときは、その負担付遺贈に係る遺言の取消しを家庭裁判所に請求することができる。」と定めている。

　民法554条は「贈与者の死亡によって効力を生ずる贈与はその性質に反しない限り、遺贈に関する規定を準用する。」と定めているので、負担付死因贈与について、民法1027条が準用され、負担付死因贈与の取消しが認められるかが問題となる。

民法1027条の負担付遺贈の取消しの立法趣旨については「負担が履行されなければ遺贈もないといえる場合は、負担を履行しないような受遺者に対する遺贈は失効させる方が、負担付遺贈の実質、そして遺言者の意思にも、適合するということができる〔略〕。そこで、本条は遺言者の相続人に負担付遺贈の取消権を与えた。この取消は、強制履行ができない負担の場合にとくに意味をもつ。」と解されている（中川善之助＝加藤永一編『新版注釈民法(28)』429頁〔上野雅和〕（有斐閣、補訂版、2002））。

この立法趣旨から考えると、民法1027条の負担付死因贈与への準用を否定する必要はないであろう。

この点に関して、明確に書いた文献、判例は見当たらない。

しかし、民法554条が特に民法1027条を排除しておらず、また死因贈与への遺言撤回規定の準用を認める判例の立場からすれば、負担付死因贈与への民法1027条の準用を否定すべき理由もないであろう。

負担付死因贈与への民法1027条の準用が問題となるのは、主には負担の履行期が贈与者の死亡後に定められている場合であろう。

この場合に、受贈者が負担の履行をしない場合には、贈与者の相続人は、相当の期間を定めてその履行を催告し、その期間内に履行がないときには、負担付死因贈与の取消しを家庭裁判所に請求することができる（家事別表第1百八）。

相続人が数人ある場合にも各自が取消請求権をもち、共同してする必要はないと解されている（中川善之助編『註釈相続法下』204頁〔加藤永一〕（有斐閣、1955））。

また、死因贈与について執行者が選任されている場合には、執行者も取消しの請求ができることになろう。

第3章　死因贈与の法律　　113

第6　その他の論点

1　死因贈与執行者について

(1)　死因贈与執行者の指定・選任

　遺言の執行に関する規定は、遺言書の検認についての民法1004条及び1005条を除いて、死因贈与に準用されると解されている（我妻栄『債権各論中巻一（民法講義V₂）』237頁（岩波書店、1973）、末弘厳太郎『債権各論』346頁（有斐閣、1918）、三宅正男『契約法（各論）上巻（現代法律学全集9）』57頁（青林書院新社、1983）、柚木馨＝高木多喜男編『新版注釈民法(14)』73頁〔柚木馨・松川正毅〕（有斐閣、1993）、田中永司ほか『遺言法体系Ⅰ』451頁（慈学社出版、補訂版、2015））。なお、遺言の検認・開封に関する規定（民1004・1005）は、死因贈与に特別な方式を要求しない以上、死因贈与に準用されないことについては異論がみられない（末弘・前掲347頁）。

　遺言執行者の諸規定の目的が、相続財産について相続人の任意管理を許すときは受遺者の利益を害するおそれがあるため、遺言執行者を設けてその弊害を除こうという点にあること、この種の弊害は死因贈与の場合にもまた同様に存在することが理由に挙げられている（末弘厳太郎「死因贈与ニ就テ」法学新報26巻4号39頁（1916））。

　したがって、死因贈与執行者の指定及び選任の規定も準用され、死因贈与執行者を死因贈与契約公正証書において指定することが可能である。公正証書の死因贈与の文例においても「死因贈与も、贈与者の死後に履行義務が生じるから、贈与者の意思を簡易、確実に実現するために執行者を定めておくのが便宜であることは、遺贈と同じである。」と記載されている（日本公証人連合会『新版　証書の作成と文例全訂遺言編』107頁（立花書房、1996））。

　また、死因贈与執行者の指定がない場合、死因贈与の受贈者は、家

庭裁判所に死因贈与執行者の選任の申立てを行うことができる（後記昭和37年7月3日最高裁家二第119号最高裁家庭局長回答、昭和41年6月14日民一第277号法務省民事局第一課長回答）と解されている。

これに対して、特に仮登記が可能な死因贈与に執行者が必要なことに疑問を呈され、死因贈与の撤回の可否による撤回利益状況、保護の必要性等考慮した上で、死因贈与の執行者選任の可否を検討すべきとの説もある（松尾知子「遺言以外の死後の意思実現」野田愛子＝梶村太市編『新家族法実務体系第4巻』336頁（新日本法規出版、2008））。

〇昭和37年7月3日最高裁家二第119号最高裁家庭局長回答（家月
14・8・229）
＜照会及び回答＞
照会：公正証書による死因贈与契約の履行のため、遺言執行者の選任の
　　　申立がありましたが、民法554条によれば「死因贈与は遺贈に関す
　　　る規定に従う」と規定されている点から、遺言の執行に関する規
　　　定（同法1004条、1005条を除く）も準用されると解することがで
　　　きるか。
回答：所問については、遺贈に関する規定に従って、遺言執行者を選任
　　　することができるものと解します。

〇昭和41年6月14日民一第277号法務省民事局第一課長回答（民月
21・7・121）
＜回答要旨＞
　公正証書による死因贈与契約において、贈与者は執行者を指定するこ
とができる。また、指定された執行者は、その権限において不動産の所
有権移転の登記申請ができる。

第3章　死因贈与の法律　　　　115

　死因贈与執行者の選任の可否について、古い審判例であるが、遺贈が単独行為であるのに対し、死因贈与は契約であるから、遺贈の単独行為であることに基づく規定は死因贈与に準用すべきでないとし、遺言執行者の選任を否定したものがある（後記東京家審昭47・7・28判時676・55）。

○東京家裁昭和47年7月28日審判（判時676・55）

＜事案の概要＞

　申立人Ｘと亡Ａとの間に、昭和38年5月、「ＡはＸに対し、本件建物をＡ死亡の場合は金10万円で譲渡すること、右代金の支払方法はＢあるいはＡの指定する者に支払うこと。Ｘは右代金の支払により当然本件建物の所有権を取得する。」旨を内容とする裁判上の和解が成立した。

　その後、いまだＡが生存中の昭和43年5月、ＸはＡに対し、右和解条項中の金10万円をＡに支払うとともに、ＸＡ間で、「ＡはＸに対し、Ａ死亡の場合にはＸが何らの対価なしに当然に本件建物の所有権を取得することを認める。」旨の覚書を締結した。

　昭和47年4月にＡが死亡したため、Ｘは、裁判上の和解に基づく死因贈与の執行者選任の審判を申し立てた。

＜判　旨＞

　死因贈与の契約当事者である受贈者は、物件の引渡し、移転登記の実現等につき、贈与者ないしその相続人を相手として自らその衝に当たるべきであり、相続人がない場合あるいは本件のごとく相続人の一部が行方不明である場合等においては、それぞれ相続人不存在手続あるいは不在者の財産管理ないし失踪手続等を活用すべきであって、遺言執行者の選任を請求することによってそれにかえることはできないと解するのが相当である。

＜解　説＞

　この審判は、遺言執行者の選任に関する規定の準用を否定する理由として、遺贈は単独行為であるため、通常、受遺者自身が遺贈のあったこ

とを知らず、仮登記の方法もないため、結果として相続人あるいはその債権者らに対し保護されない場合が多い一方、死因贈与の受贈者は、既に契約内容を了知し、財産的利益の承継についてなにがしかの期待を持っているから、遺贈とは相当趣を異にし、遺言執行者による利益保護の必要性は受遺者の場合に比べてかなり低いといえることを指摘している。

　これに対しては、遺言執行者の制度が、単に遺贈がなされていても受遺者がこれについて知らないことがある、という場合だけの問題ではなく、むしろ遺言の存在が明らかになった後、その遺言内容に応じた執行を確保することに遺言執行者制度のより大きな趣旨があり、これは死因贈与の場合も同じである、との指摘がある（佐藤義彦「死因贈与がなされた場合に遺言執行者に関する諸規定が準用されるか」判例評論170号24頁・25頁（判時694号146頁・147頁）(1973)）。佐藤義彦は、特定物について死因贈与がなされた場合にその引渡しないし移転登記を求めるときは、遺産分割前は、常に相続人の全員を相手方としない限り実行を期し難いとするのは、あまりにも受遺者に酷であること、この事案の場合、相続人の一部が行方不明のようであり、しかも死因贈与の目的物は特定の家屋であることから、遺言執行者に関する規定を準用したとしても、論理に破綻を来したり、又は、取引の安全を大きくおびやかすことはないとして、判旨に反対する旨の意見を述べている。

　この昭和47年東京家裁審判の後、死因贈与執行者の選任の申立てに関する判例がいくつか存するが、そのいずれもが、死因贈与執行者の選任を申し立てることができることを認めている（原審段階で申立てが却下されたケースも、高裁段階で取り消されている。）。

　また、死因贈与契約の有効性に関して疑義があるような場合であっても、死因贈与が無効であることが一見して明らかにある場合に限って、申立てを却下することができるとしている。

第3章　死因贈与の法律　　117

○水戸家裁昭和53年12月22日審判（家月31・9・50）

＜事案の概要＞

　Aは、妻（申立人）に対し、遺言書の形式の書面を作成し、これを交付した。本件書面は、Aが全文を自書し、日付、氏名を自書していたが、押印がなかった。

　A死亡後、申立人は、本件書面につき家庭裁判所の検認を受け、遺言執行者の選任を求めた。

＜判　　旨＞

　死因贈与は民法554条により、遺贈に関する規定に従うこととされており、右諸規定には死因贈与としての法的性質上同法1004条、1005条などの適用のないものがあるものの、遺言執行者の選任の規定を排除する合理的理由はないから、右規定は死因贈与の場合にも適用されるものと解し、遺言執行者を選任するのが相当として、遺言執行者を選任した。

＜解　　説＞

　遺言執行者の選任の規定について、死因贈与に準用することを排除する合理的理由はないとして、死因贈与執行者の選任を認めたものである。遺言執行者を選任することにより、その後の執行を円滑に実施することが期待できる。

○広島家裁昭和62年3月28日審判（家月39・7・60）

＜事案の概要＞

　Aは、昭和51年7月頃に心臓手術を受けたが、これを契機に妻（申立人）から遺産相続のことをきちんと話をつけておいてくれと頼まれたため、同月下旬頃、遺言書と題する文書を作成し、これを妻に交付した。Aは昭和61年1月に死亡したが、本件文書には作成日付がなく、Aの押印もなかった。

申立人は、本件文書について検認を受けた後、家庭裁判所に遺言執行者の選任を求めた。

<判　旨>

「前記遺言書と題する文書は、遺言としての法的効力はないとしても、前記認定事実に徴すると死因贈与契約の成立を証明する文書であることは明らかであると認められる。即ち、Aと申立人との間に、昭和51年7月下旬ころ、Aの所有する一切の財産を申立人に死因贈与する旨の契約が成立したことが明らかである。そして、死因贈与については、遺贈に関する規定が準用される（民法554条）。従って、遺贈の執行に関する規定である民法1010条を準用して、死因贈与の執行のために執行者を選任することができるものと解される。」

「申立人としては、Aが別紙遺言書と題する書面によって表示している意思を実現することを希求しているのであるから、遺言執行者選任の申立が理由がないのであれば、次善の方法として死因贈与の執行者選任の申立の意思を当然に有するものと考えられるので、主文のとおりの審判をしても申立の趣旨をこえることにはならないものと解される。」

<解　説>

申立人が遺言執行者の選任申立てをしたのに対し、裁判所が死因贈与執行者の選任を認めたものである。他の死因贈与執行者の選任申立て事件と同様に、遺言執行者を選任することにより、その後の執行を円滑に実施することが期待できる。

〇名古屋高裁平成元年11月21日決定（家月42・4・45）

<事案の概要>

亡Aは、昭和40年5月、二男Xとの間で、Xと同居する建物の敷地の亡A持分（19分の15）について、死因贈与する旨の契約を公正証書により

第3章　死因贈与の法律　　119

締結した。亡Aは、昭和50年8月に死亡し、その相続人はXを含め6名いたが、うち1名は昭和43年2月頃に失踪して、現在も行方不明であり、また、他の相続人とXが不和の状態が続いていたことから、Xは、不動産に関する登記手続を簡易・迅速に行うため、遺言執行者の選任を求めた。

　原審である名古屋家庭裁判所は、前記昭和47年7月28日東京家裁審判を引用して、Xの申立てを却下したので、Xは即時抗告した。

＜判　旨＞

　名古屋高裁は、「死因贈与につき右民法1010条の規定の準用が認められるか否かについて検討するに、確かに、一般的には、当該執行者選任を申し立てた者が、右規定の準用により選任された執行者と通謀して不当な利益の確保を図り、ひいては、他の相続人と第三者との取引の安全を害する等の事態を招くおそれが全くないとはいい難い。しかしながら、このような執行者選任による弊害は、本来の遺贈の場合においても、その制度上ある程度避け難いところというべく、右のような弊害の存在のみをもって、直ちに死因贈与につき民法1010条の準用を否定すべき根拠とすることは、相当ではないといわなければならない。むしろ、民法554条が、その文言上死因贈与につき遺言の規定を包括的に準用する体裁を採っていることなどを勘案すれば、当該執行者選任の申立につき、これを必要とすべき事情が全く認められず、不法な目的による申立であることがうかがわれる等、いわば右申立権の濫用と目される場合は格別、そうでない限り、原則として、死因贈与においても、民法1010条に基づく執行者の選任は許されるものと解するのが相当である。」と述べて、原審を取り消して、死因贈与の執行者を選任した。

＜解　説＞

　原審が死因贈与執行者の選任申立てを却下したため、詳しい理由を述べつつ、申立権の濫用といえるような場合でない限りは、死因贈与執行者の選任を申し立てることができるとした。

○東京高裁平成9年3月17日決定（家月49・9・108）

＜事案の概要＞

　亡Aは、昭和49年、実の妹であるXに、「譲渡証」と題する「A所有の物件其の他のものは本人死亡の際は妹Xに譲渡する」旨記載された自筆の本件書面を、「私にもしものとき、貴女の老後の足しにと思いしためました。無駄と思わず大切に保存しておいて下さい。」との書面及び自宅の鍵と一緒に郵送した。本件書面は、日付、署名、押印を備えるものであった。亡Aは、平成7年9月に亡くなり、同年11月にXが亡Aの自宅の金庫を開けると、そこには「遺言書」と題する「私の死後財産全部私の実妹Xに遺贈します」旨の書面と権利証などが入っていた。しかし「遺言書」と題する書面には日付の記載がなかった。

　Xは、本件書面について、亡Aの自筆証書遺言として検認及び遺言執行者の選任を申し立てて、検認は行われた。

　執行者の選任について、原審の横浜家庭裁判所は、「本件書面は、その表題及び内容から遺言と認めることは困難である。死因贈与を証する書面と認める余地はあるが、そもそも契約である死因贈与につき、それが書面によった場合にだけ（書面によらない場合に、履行を遺言執行の方法によらしめる理由は全くない）、単独行為である遺贈に準じ、遺言執行の方法により履行するのを相当とするというだけの根拠に乏しい」として、申立てを却下したので、Xが即時抗告を申し立てた。

＜判　旨＞

　本件書面が、その表題及び内容から典型的な自筆証書遺言書とはいい難いが、その形式及び内容において、自筆証書遺言の方式に反するところはないから、遺言者の自筆証書遺言とみることも可能であって、「本件書面が遺言者の自筆証書遺言書として無効なことが一見して明らかであるということはできず、（中略）このような場合、家庭裁判所としては、本件書面の自筆証書遺言書としての効力につき審判することなく、遺言執行者を選任するのが相当と解すべきである」と判示して、原審判を取

第3章　死因贈与の法律　　　　　　　　　　　121

り消して、原審に差し戻した。

　また、この決定は、「仮に、原審判のように、本件書面を遺言書としてではなく、死因贈与を証する書面と認めた場合につき付言する。」として、「遺贈が単独行為であり、死因贈与が契約であるとの一事をもって、民法554条の適用を排し、遺言執行者の選任を拒否することは相当でない」から、受贈者の申立ては「記録上、その選任自体が不相当であるとか、必要性がないことが明らかであるなどの事情がない限り、理由があるものといわなければなら」ず、「この場合、後見的な役割を持つ家庭裁判所として、相続に関する紛争の予防や事案の円満な解決のために、遺言執行者の選任の相当性、必要性等につき検討を加えることが望ましい場合もあり得よう。」と付言している。

＜解　説＞

　本決定は、付言としてではあるが、仮に本件書面が死因贈与を証する書面であると認められる場合でも、死因贈与であるとの一事をもって遺言執行者の選任を拒否することは相当でないと述べており、死因贈与執行者の選任の申立てを許容しているものといえよう。

〇東京高裁平成9年11月14日決定（家月50・7・69）

＜事案の概要＞

　Aは、その所有する土地建物をAが死亡したときにB（Aの甥）に贈与することを約束する旨を記載した「不動産死因贈与契約証」を作成した。Aが亡くなった後、Bは、死因贈与契約書に執行者の指定又は指定の委託がないことから、家庭裁判所に執行者の選任を申し立てた。一審の家庭裁判所は、本件死因贈与契約証のAの署名部分がA自身の筆跡と認められないこと、Aの法定相続人の中には本件死因贈与契約証の真否について疑問を呈している者がいること、Bないしその関係者が死因贈与契約証を作成した疑いもあるとして、死因贈与執行者の選任申立てを却下した。Bがこれを不服として即時抗告を申し立てた。

＜判　旨＞

　「死因贈与執行者選任の申立てに対する審判の手続においては、当該死因贈与が有効であること積極的に認定することは必要でなく、かえって、これが無効であることが一見して明らかである場合に限って、当該申立てを却下することができるのであって、実体的審理を経てはじめてその有効性が決せられるような場合には、家庭裁判所としては、その有効無効を判断することなく、死因贈与執行者を選任すべきものと解するのが相当である。すなわち、そのような場合にあっては、当該死因贈与の有効性の判断は、既判力をもってこれを確定することのできる判決手続の結果に委ねるのが相当であるからである。」

　上のとおり述べて、原審判を取り消して、死因贈与執行者選任手続を行わせるため、原審に差し戻した。

＜解　説＞

　家庭裁判所が死因贈与執行者の選任を行うことができるという立場を前提に、当該死因贈与が無効であることが一見して明らかである場合に限って、選任申立てを却下できる旨を述べたものである。

（2）　死因贈与執行者の権限

　死因贈与執行者の権限については、遺言執行者の権利義務に関する規定（民1012）が準用される（我妻・前掲237頁、柚木＝高木・前掲73頁、田中ほか・前掲451頁）。

　したがって、死因贈与が効力を生じた場合、死因贈与執行者がいれば、不動産の登記手続上、死因贈与執行者が登記義務者である贈与者（贈与者の相続人）の代理人として登記申請することができる。

　また、贈与者の死亡後に、相続人により死因贈与と異なる相続登記がなされた場合、死因贈与執行者は、相続人に対し、真正な登記名義の回復を原因とする受贈者への所有権移転登記手続を請求することができると解される（後記東京地判平19・3・27判時1980・98）。

○東京地裁平成19年3月27日判決（判時1980・98）

＜事案の概要＞

　A男は、元勤務先の部下であり、その後、内縁関係となったB女に対し、自己の財産を残すため、弁護士Xに相談した。Xは、A男がB女に病気の看護や日常生活の介護をしてもらいたいとの強い希望を持っていたため、負担付死因贈与契約を締結すること、負担の確実な履行を図るため、公正証書を作成すること等を勧め、A男はB女との間で、Xを死因贈与執行者と指定した死因贈与契約公正証書を作成した。

　A男の死亡後、A男の相続人（子）であるYらによりA男の所有していた不動産につき相続による所有権移転登記がなされたため、Xは、死因贈与執行者として、Yらに対し、真正な登記名義の回復を原因とする所有権移転登記手続を求めた。

　Yらは、相続人において相続登記を完了した後は、死因贈与執行者は原告適格を有しない旨を主張した。

＜判　旨＞

　「死因贈与執行者は、死因贈与の執行に必要な一切の行為をする権利義務を有し（民法1012条の準用）、受贈者への所有権移転登記がされる前に、相続人が当該不動産につき自己名義の所有権移転登記を経由したため、死因贈与の実現が妨害される状態が出現したような場合には、死因贈与執行者は、死因贈与執行の一環として、上記妨害を排除するため、当該所有権移転登記の抹消登記手続を求めることができ、さらには、受贈者への真正な登記名義の回復を原因とする所有権移転登記手続を求めることができるというべきである（最高裁判所平成11年12月16日第一小法廷判決・民集53巻9号1989頁参照）。」

　本件土地についてはYらに相続を原因とする共有の所有権移転登記がされているところ、Xは、死因贈与執行者として、Yらに対し、真正な登記名義の回復を原因とする所有権移転登記手続を求めることができ、Xが原告適格を有することは明らかである。

<解　説>

　遺言執行者に関する規定が死因贈与に準用される結果、死因贈与執行者は遺言執行者と同様、死因贈与の執行に必要な一切の行為をする権利義務を有することになる。

　遺言執行者は、特定の不動産を特定の相続人に相続させる旨の遺言がされた場合、相続人への真正な登記名義の回復を原因とする所有権移転登記手続を求めることができると解されているところ（最判平11・12・16民集53・9・1989）、死因贈与の執行者も、同最高裁判決の結論を準用して、執行行為の妨害排除として、真正な登記名義の回復を原因とする所有権移転登記手続を請求することができることを明らかにしたものである。

　なお、この判例は、死因贈与の書面中で執行者と指定された者を、遺言執行者の規定が準用される執行者と認めたという点で、公刊された判例としてはおそらく初めてのものとされている（川淳一・判例評論592号15頁（判時1999号177頁）（2008））。

2　死因贈与と遺産分割との関係

（1）　概　説

　死因贈与の効力が生ずると、死因贈与の目的物は、贈与者＝被相続人の相続財産、すなわち遺産分割の対象財産から除外されることとなる。

　死因贈与の受贈者が贈与者の相続人である場合、当該死因贈与の目的物は、遺産分割の対象とはならない。したがって、一人の相続人に対して、全ての財産についての包括的死因贈与がなされた場合、もはや遺産分割の余地は存しない。

　他方、死因贈与の目的物以外に、贈与者＝被相続人に財産が残存する場合には、相続人により遺産分割が行われることとなる。

（2）　特別受益該当性

相続人に対して死因贈与がなされた場合、原則として、特別受益（民903）に該当する。

したがって、死因贈与の目的物以外に遺産が残存しており、遺産分割が行われる場合、死因贈与の目的物については、みなし相続財産として加算する必要が存する。

相続人以外の者に対して死因贈与がなされた場合には、相続人以外の者に対して遺贈ないし生前贈与がなされた場合と同様、特別受益の問題は生じない。

（3）　死因贈与の無効・失効後の対象財産の帰趨

死因贈与が事後に無効とされ、あるいは取り消されて効力を失った場合、当該死因贈与の目的物については、相続人に帰属することとなる（民995の準用）。

この場合に、もし他に遺言等がなく、当該財産の取得者が定まらない場合は、相続人の遺産分割協議により取得者を決めることとなる。

（4）　相続放棄との関係

相続人が被相続人から死因贈与を受けた場合に、被相続人の死亡後に相続人が相続を放棄すると、死因贈与の効力に影響が生ずるかという問題がある。

ア　具体例1：贈与者兼被相続人が多額の債務を抱えていて、贈与者の相続人が配偶者と子一人であるというケースで、被相続人の生前に配偶者との間で特定の積極財産（例えば自宅の土地建物）についてのみ死因贈与する旨の契約を締結した場合に、被相続人の死亡後に、配偶者と子が共に相続の放棄（民938以下）をする一方で、死因贈与を受けた配偶者（相続人兼死因贈与受贈者）が死因贈与により相続債務を

負担することなく特定の積極財産（自宅の土地建物）のみを取得することができるのであろうか。

こうしたケースについて、遺贈に関するものであるが、二宮周平『家族法』399頁（新世社、第3版、2009）は、「相続債務が多い場合などに、相続人であり、かつ特定遺贈の受贈者でもある者は、相続については放棄して債務を逃れ、遺贈については受贈者として相続人の財産を取得するといった選択も可能であり、これを防ぐ手段はない（相続債権者が遺贈を詐害行為として取り消す可能性は残されているし、私見によればこうした場合の相続放棄自体を詐害行為として取り消すことができる。)。」と述べている。

死因贈与について明確に論じられたものは見当たらないが、二宮の述べる遺贈の場合のことは死因贈与の場合にも当てはまること、死因贈与は放棄できないと解されており（民986の準用の否定）（**第2の1(3)**参照）、相続の放棄が死因贈与の放棄をも含むと解する余地はないことからすれば、相続人兼死因贈与受贈者である配偶者は、相続を放棄する一方で、死因贈与を受け得ることは可能であると考えられる。結論として、配偶者は相続債務を負担することなく特定の積極財産（自宅の土地建物）のみを取得することができることになると考えられる。

ただし、二宮が述べるように、相続債権者が死因贈与を詐害行為（民424）として取り消す余地は存する。なお、二宮は、相続放棄自体を詐害行為として取り消すことができる旨を説く。しかし、詐害行為取消権は、財産権を目的としない法律行為には適用されないところ（民424②）、相続放棄が詐害行為取消権の対象となるかについて、判例は、相続放棄は、既得の財産を積極的に減少させる行為ではなく、消極的にその増加を妨げる行為に過ぎないこと、相続放棄のような身分行為に

第3章　死因贈与の法律　　127

ついては、他人の意思によって強制すべきものではないと解するところ、放棄を詐害行為として取り消し得るものとすれば、相続人に対して相続の承認を強制することと同じ結果となり不当であることを理由に、詐害行為取消権の対象にはならないとしている（最判昭49・9・20民集28・6・1202）（なお、この判決の事案は、被相続人の債権者が詐害行為取消権を行使したケースであるため、そもそも債務者のなした行為とはいえず既に取消権行使が認められない事案であるから、判旨の一般論は傍論であるとの指摘（奥田昌道編『新版注釈民法(10)Ⅱ』840頁〔下森定〕（有斐閣、2011））がある。）。

　具体例1のようなケースで、相続人が相続を放棄して相続債務の支払を免れる一方で、特定の積極財産のみを遺贈あるいは死因贈与により取得するという事態を防ぐためには、相続債権者としては、被相続人の責任財産に抵当権を設定したり、死因贈与の仮登記や本登記よりも先に仮差押えを行うなど、適切な債権保全の措置を講ずることが必要となる。

　　イ　具体例2：贈与者兼被相続人が複数の不動産を有していて、唯一の相続人が取得を希望する不動産（例えば自宅の土地建物）と取得を希望しない不動産（例えば遠隔地の利用価値のない山林）が存するケースで、被相続人の生前に相続人との間で取得を希望する不動産についてのみ死因贈与する旨の契約を締結した場合に、被相続人の死亡後に、相続人が相続を放棄（民938以下）する一方で、死因贈与を受けた相続人兼受贈者が死因贈与により取得を希望しない不動産を取得することなく取得を希望する不動産のみを取得することができるのであろうか。

　このケースについても、明確に論じられたものは見当たらないが、上記具体例1で述べた理由からすれば、相続人兼死因贈与受贈者は、相

続を放棄する一方で、死因贈与を受け得ることは可能であると考えられ、結論として、取得を希望しない不動産（遠隔地の利用価値のない山林）を取得せずに、取得を希望する不動産（自宅の土地建物）のみを取得することができることになると考えられる。

　もっとも、取得を希望しない不動産について、相続放棄により権利を放棄したとしても、相続人であった者は、相続財産管理人（民952以下）が選任されるまでの間、自己の財産におけるのと同一の注意義務をもって、その財産の管理を継続する義務が存することから（民940①）、相続放棄をしたからといって一切の管理責任がなくなることにはならない。

　なお、不動産の死因贈与の受贈者が贈与者の相続人である場合において、限定承認がされたケースで、不動産の限定承認をした相続人が死因贈与による不動産取得を相続債権者に対抗することができるか否かが問題となった事案について、最高裁判所は、死因贈与に基づく限定承認者への所有権移転登記が相続債権者による差押登記よりも先にされたとしても、信義則に照らし、限定承認者は相続債権者に対して不動産の所有権取得を対抗することができないとしている（最判平10・2・13判時1635・49）（詳しくは、**第5章**を参照）。

　この判決では、被相続人の財産は、本来は限定承認者によって相続債権者に対する弁済に充てられるべきことを考慮すると、限定承認者が、相続債権者の存在を前提として自ら限定承認をしながら、贈与者の相続人としての登記権利者の地位を兼ねる者として自らに対する所有権移転登記手続をすることは信義則上相当でなく、また、相続債権者の弁済を受ける額が減少する一方で、限定承認者が右不動産以外の財産の限度で相続債務を弁済すれば免責されるというのは、限定承認者と相続債権者との公平を欠く結果となる旨が判示されている。

　この判決の事案は、土地の死因贈与を受けて相続開始前に仮登記し

た受贈者と相続開始後に相続財産であった同土地につき差押えをした相続債権者との法律関係について、限定承認がされた場合であって、しかも限定承認者と受贈者が同一人で、その限定承認者により相続開始後に仮登記が本登記にされたという特殊な事案に関するものである。判決が述べる限定承認者兼受贈者と相続債権者との公平の理が、相続放棄者兼受贈者と相続債権者との関係でも同様に及ぶと考えるならば、上記具体例1のケースの場合、死因贈与によって特定の積極財産を贈与してもらう一方で、相続放棄により都合良く借金だけを免れるということは、信義則上許されないという結論となることもあり得ると思われる。

(5) 遺留分との関係

死因贈与について、遺留分との関係で、その算定の基礎財産（民1029）に死因贈与を遺贈として扱うことについては、異論はないとされている（田中ほか・前掲449頁）。

死因贈与が遺贈と贈与のいずれに準じた順位で減殺されるかについては（民1033）、学説上、争いが存し、死因贈与を遺贈と同順位で減殺すべきとする説（遺贈説（広中俊雄「贈与」谷口知平＝加藤一郎編『民法演習Ⅳ』68頁（有斐閣、1959）、和田宇一『遺言法』436頁（精興社、1938）、東北大学民法研究会編『註解相続法』461頁〔島津一郎〕（法文社、1952）、我妻栄＝立石芳枝『親族法・相続法』635頁（日本評論新社、1952）、柚木馨『判例相続法論』427頁（有斐閣、1953）））と、死因贈与を贈与の範疇に属するものと理解して、先に遺贈を減殺した後に死因贈与を減殺すべきとする説（贈与説（柳川勝二『日本相続法注釈(下)』633頁（巌松堂書店、1918）、高木多喜男「遺留分」小野清一郎ほか編『総合判例研究叢書［第2]第23』45頁（有斐閣、1964）、鈴木禄弥『相続法講義』148頁（有斐閣、1968）、加藤永一「遺留分」民法総合判例研究刊行会編『叢書民法総合判例研究(58)』142頁（一粒社、改訂版、1985）、中川善之助＝加藤永一編『新版注釈民法(28)』462頁〔宮井忠夫・千藤洋三〕（有斐閣、2002）、中川

善之助 = 泉久雄『相続法』621頁（有斐閣、第3版、1988）、中川淳『相続法逐条解説（下）』442頁（日本加除出版、1995）、松原正明『全訂　判例先例相続法Ⅴ』422頁（日本加除出版、2012）））が対立している。

　遺贈説は、その根拠として、民法554条が「遺贈ニ関スル規定ニ従フ」（現代語化前のもの）と規定していることを挙げるほか、民法1033条が贈与よりも遺贈を先に減殺すべきとしたのは、遺贈が行為者の死亡によって初めて効力を生ずる行為（死因行為ないし死後行為）であるという点で生前贈与と区別されるべきだと考えられたからであり、同じく処分者の死亡によって効力を生ずる死因贈与も遺贈と同様に取り扱わなければ、こうした規定の決定的な根拠を見失うと説いている。

　他方、贈与説は、その根拠として、旧民法が死因贈与規定を財産取得編第14章贈与及ヒ遺贈第4節遺贈の箇所に置いていたのに比して、明治民法が債権編第2章契約第2節贈与の箇所に置いていること、死因贈与は契約によって成立し、既に契約上の拘束性が生じており、自由に撤回できないこと、死因贈与については贈与者による所有権移転の仮登記が認められることを挙げ、遺贈とは異なる取扱いが必要と説いている。とくに撤回可能性に関連して、贈与説の立場からは、遺贈が先に減殺されるのは、遺贈がいつでも撤回でき、従って効力発生時（遺言者死亡時）に初めて確定的に遺留分侵害行為となるからであるが、死因贈与は、生前贈与と同じく原則として自由に撤回できないので、死因贈与の場合、契約時に遺留分侵害行為があった（それが現実化するのが将来であるにすぎない）とみるべきであると説かれる。

　遺贈説が古くからの通説であるのに対し、贈与説は徐々に有力となってきた見解で、現時点ではむしろ多数説となっている。なお、贈与説に立つと、死因贈与のほかに生前贈与がある場合の減殺の順位が問題となる。

　遺留分減殺の順序についての判例は、①遺贈、②死因贈与、③生前贈与の順で行うとしたものが存する（後記東京高判平12・3・8判時1753・57）。

第3章　死因贈与の法律　　131

○東京高裁平成12年3月8日判決（判時1753・57）
＜事案の概要＞
　被相続人Aが死亡し、長男B、長女Y、二女X₁、三女X₂、孫Dら（A
の養子である亡C（Yの夫）の代襲相続人）が相続した。Aの相続財産
は、甲物件（土地と建物。時価約6700万円）、乙物件（借地権と建物。時
価約2400万円）、預貯金（約900万円）だった（合計約1億円）。Aは、死
亡の約4年前である平成3年5月19日、Yとの間で、乙物件をYに死因贈与
する契約を締結し、そのころ、Yのための所有権移転仮登記を経た。ま
た、Aは、同月28日付けで遺言をした。その内容は、Bに甲物件を相続
させる、X₁・X₂には預貯金を等分で相続させる、などであった。Aの死
亡後、X₁・X₂がBとYに対し、遺留分減殺請求をし、提訴した。
　一審の横浜地方裁判所は、遺留分減殺の順序について、Bに対する遺
贈とYに対する死因贈与とを同順位として減殺すべきとして、X₁・X₂
それぞれに対し、B及びYに相当分の減殺を命じた。Bは控訴せずYの
みが控訴した。
＜判　旨＞
　減殺の順序について、一審判決のように解する余地もないわけではな
いが、他方、死因贈与も、生前贈与と同じく契約締結によって成立する
ものであるという点では、贈与としての性質を有していることは否定す
べくもないのであるから、死因贈与は、遺贈と同様に取り扱うよりはむ
しろ贈与として取り扱うのが相当であり、ただ民法1033条及び1035条の
趣旨に鑑み、通常の生前贈与よりも遺贈に近い贈与として、遺贈に次い
で、生前贈与より先に減殺の対象とすべきものと解するのが相当である。
そして、特定の遺産を特定の相続人に相続させる遺言（以下「相続させ
る遺言」という。）による相続は、右の関係では遺贈と同様に解するのが
相当であるから、本件においては、まずBに対する相続させる遺言によ
る相続が減殺の対象となるべきものであり、それによってXらの遺留分
が回復されない場合に初めて、Yに対する死因贈与が減殺の対象になる、
と判示し、結論として、相続させる遺言により遺留分全額が回復するこ
とができるとして、原判決を取り消し、Yに対する請求を棄却した。

＜解　説＞

　この問題に関する公刊された先例は見当たらず、本判決が最初のもののようである。ただし、前記1(1)の東京家裁昭和47年7月28日審判が、傍論ではあるが、「民法1033条が「贈与」よりも「遺贈」を先に減殺すべきものとしたのも、遺贈が遺留分権利者を害すべき最後のもの——その遺言が何年前になされたものであろうと——である点において生前贈与と区別されるべきと考えたからであり、この点で同条にいわゆる「贈与」が死因贈与をふくむと考えることは同条の規定の決定的な根拠を見失う」と説示し、遺贈説に立つことを示していた。

　本判決の一審判決は、遺贈説に立つものであったが、本判決は、贈与説に立った上で、死因贈与を「通常の生前贈与よりも遺贈に近い贈与として、遺贈に次いで、生前贈与より先に減殺の対象とすべき」と判示した。先例のない問題についての高裁段階での判例であり、重要な意義を有するものである。

3　死因贈与と預金の譲渡禁止特約との関係

　預金債権については、譲渡禁止特約が付せられているのが一般的であり、譲渡が制限されている。

　預金債権を目的物として死因贈与がなされた場合において、贈与者の死亡後、受贈者が銀行に対し、自己への払戻しを請求したときに、銀行は譲渡禁止特約の効力を主張して、支払を拒否することができるかどうかが問題になる。

　この問題に関して、銀行は、信義則上、譲渡禁止特約を主張できないとした判例が存する。

○東京高裁平成9年10月30日判決（金法1535・68）

＜事案の概要＞

　AはX（Xの妻の母とAが親戚関係にあった。）に対し、全財産を死因贈与する契約を締結した。AはY銀行に3口の預金債権（本件預金債権）

第3章　死因贈与の法律　　　　　　　　　　　　　　　133

を有していた。Aの死亡後、XはAの相続人全員に対し、本件預金債権の名義をXに変更する手続を請求する訴訟を提起し、勝訴判決を得て、その判決が確定した後、Y銀行にその旨を書面で通知した。

　XがY銀行に対し本件預金債権の譲受けを主張したところ、Y銀行がこれを争ったため、Xが本件預金債権がXに帰属することの確認を請求して提訴した。

　一審は死因贈与契約の成立が認められないとして、Xの請求を棄却したため、Xが控訴した。

＜判　旨＞

　東京高裁は、AがXに対し、供養ないし財産を託す趣旨で、全財産を死因贈与する旨の契約を締結したことを認めた上で、譲渡禁止特約の効力については、Xが本件預金債権の帰属主体であることは明白であるところ、Y銀行が本件預金の受寄者であり、本件預金債権の帰属主体が誰であるかが明白であるかどうかについては利害関係を有するものの、本件預金債権の帰属主体が誰であるかそのものについては固有の利害関係を有するものではないから、Y銀行が本件において本件預金債権につき譲渡を禁止する特約があることを理由に、Xが本件預金債権を譲り受けたことを否認することは、信義則上許されないとして、一審判決を取り消し、Xの請求を認容した。

＜解　説＞

　亡くなった者の預金債権につき相続人や受贈者から解約払戻請求がなされた場合、銀行の対応としては、預金債権の帰属につき相続人間で争いがないことを確認した上で、解約払戻しに応じるのが通常である。遺言が存する場合には、日付や署名がないといった一見して方式を欠き無効であることが明らかでない限り、遺言による受益相続人あるいは受贈者からの解約払戻しに応じることとなる。遺言が存しない場合には、相続人全員による遺産分割協議がなされていることについて、遺産分割協議書、印鑑証明書、戸籍謄本等により確認した上で、遺産分割により預金債権を相続した相続人からの解約払戻請求に応じることとなる。

　死因贈与がなされた場合、相続人と受贈者との間で当該死因贈与の有効性について争いが生ずることがある。銀行にとっては、関係者間で死

因贈与の有効無効が確定しないうちに死因贈与の受贈者からの解約払戻しに応じると、後に当該死因贈与が無効とされたときに、相続人からの支払請求に応じなければならない事態が生ずるおそれが存する。そのため、受贈者と相続人との間で争いがある場合には、譲渡禁止特約の存在を理由として支払に応じないことに一定の正当性・合理性は存するといえる。他方、本件裁判の事案のように、先行裁判において受贈者と相続人との間に預金債権の帰属について争いが法的に解決している場合、受贈者からの請求を拒むべき実質的理由はない。もしこうした事案で、銀行が譲渡禁止特約を主張して預金の解約払戻請求を拒めるとすると、受贈者も相続人も預金債権を取得し得ないこととなり、明らかに不当な結論となる。高裁判決は、信義則を理由として銀行による譲渡禁止特約の主張を許されないとしたが、当然の結論といえよう。

第 4 章

無効な遺言の
死因贈与への転換

136

第4章　無効な遺言の死因贈与への転換　　137

第1　無効行為の転換の理論

　被相続人が残した遺言（遺言と呼べるか否かも問題であるが、ここでは一応遺言らしき書面を便宜上遺言と呼ぶ。）があるが、その遺言が法定の方式を遵守していないことがある。

　民法960条は、「遺言は、この法律に定める方式に従わなければ、することができない。」と定めている。

　遺言は遺言者の死後に効力が生ずるものであるから、遺言者の真意を確保するとともに紛争を予防するために、厳格な方式を要求したものである。

　そのため、遺言が法定の方式に反して無効となることが少なくない。

　一方、死因贈与に関しては、民法960条以下の遺言の方式に関する規定は準用されないとする説が判例・通説である。

　最高裁昭和32年5月21日判決（民集11・5・732）は、「民法554条の規定は、贈与者の死亡によって効力を生ずべき贈与契約（いわゆる死因贈与契約）の効力については遺贈（単独行為）に関する規定に従うべきことを規定しただけで、その契約の方式についても遺言の方式に関する規定に従うべきことを定めたものではないと解すべきである。」と述べている。

　末弘説は、遺言の方式に関する規定は、遺言が単独行為であることを前提として、被相続人の死後に被相続人が一定の内容の遺言をなしたか否かにつき疑問の生ずること及び相続人その他当該の遺言によって不利益を受ける者が遺言書を改ざんすることを防止する目的をもって厳格なる方式を規定したもので、当事者双方の合意をもってする死因贈与には同様なる方式を命ずる必要はないと述べており（末弘厳太郎「死因贈与ニ就テ」法学新報26巻4号36頁（1916））、これがその後の通説になっている。

したがって、遺言としては無効であっても、不要式行為である死因贈与と認められる可能性があることになる。

無効行為の転換とは、「意思表示が当事者の企図したとおりの法律効果を生じない場合に、その行為が他の法律効果を生ずる要件を備えるときは、この後の効果を生じさせることができるかどうかの問題である。」(我妻栄『新訂民法総則(民法講義Ⅰ)』391頁(岩波書店、新訂版、1965))

「法律行為制度は、意思表示の内容を合理的に解釈して、行為者がその目的を達成しうるように助力すべきものであることからみれば、当事者の企図した無効な効果と、転換によって認められる効果とが、結局においては、社会的目的を同じくし、当事者は、前者が無効なときは、後者としての効力の生ずることを欲するであろうと認められるときは、広く転換を成立させるべきである」(我妻・前掲391頁)。

民法971条は、「秘密証書による遺言は、前条に定める方式に欠けるものがあっても、〔民法〕第968条に定める方式を具備しているときは、自筆証書による遺言としてその効力を有する。」と定めているが、この規定は、遺言について法律上無効行為の転換を認めたものと解されている。

無効な遺言が死因贈与と認められる事例は、自筆証書遺言の場合が多い。自筆証書遺言は、遺言者が公証人等の第三者の関与なしに作成するものであるため、方式違反により無効となることが多いからである。

第2 判例の検討

1 死因贈与への転換が認められた判例

無効な遺言が死因贈与として認められた主な判例は、以下のとおりである。

第4章　無効な遺言の死因贈与への転換　　139

○水戸家裁昭和53年12月22日審判（家月31・9・50）

＜事案の概要＞

　Aは、妻（申立人）に対し、遺言書の形式の書面（本書面）を作成し、これを妻に交付した。本書面は、Aが全文を自書し、日付、氏名を自書していたが、押印がなかった。

　A死亡後、申立人は、本書面につき家裁の検認を受け、遺言執行者の選任を求めた。

＜判　旨＞

　「右遺言書なる書面の内容自体から判断すれば、申立人に対し遺言者たるAが自己の死亡を原因としてその財産及び会社の権利を贈与する意思を表示したいわゆる死因贈与の申込みと解され、而して申立人尋問の結果によれば、右書面にはAの押印こそないが、全文及び日附署名は同人の自筆によるものであること、及び右死因贈与の申込みに対し当時これを申立人において受諾したことが一応認められるから、右死因贈与契約は当時成立したものということができる。」

＜解　説＞

　押印がないために無効であるAの自筆証書遺言を、Aの財産等の死因贈与の申込みと解し、受贈者たる妻がこの自筆証書遺言の交付を受けたことをもって、妻が死因贈与の申込みを受諾して、死因贈与契約が成立したと解した判例である。

○大阪高裁昭和56年1月30日判決（判時1009・71）

＜事案の概要＞

　Aは、昭和45年3月に、妻、長男、長女、長女の夫に対し、それぞれ特定の財産を遺贈する内容の遺言公正証書を作成した。

　Aは、遺言作成手続終了の直後に、改めて長女及びその夫に、特定の財産を与える旨を告げ後事を託し、これに対し長女とその夫は「有難う

ございます」と述べた。

しかし、同遺言は立会証人なく作成されたため、別訴で無効が確定した。

そのため、長女及び長女の夫が国家賠償請求訴訟を提起した事案である。

<判　旨>

「遺言は単独行為であり死因贈与は贈与者と受贈者の合意を要する行為であるから、方式に瑕疵ある遺言を死因贈与に転換する余地のないことはいうまでもないが、方式に瑕疵ある遺言がなされた機会であっても、これとは別に、死因贈与契約の成立に必要な合意がある限りその効力を認めることは妨げないと解するところ、上記認定の事実によれば、Aは、本件公正証書が作成されたあと、これとは別に、自己が死亡することを条件に被控訴人甲野花子（長女）に対し前示目録㈠記載の土地、建物及び株式、被控訴人甲野太郎（長女の夫）に対し同目録㈡記載の株式をそれぞれ贈与する旨の意思表示をなし被控訴人らがこれを承諾して死因贈与契約が成立したものというべきである。」

<解　説>

本判例は、証人の立会いなく作成されたために、公正証書遺言が無効となった事案について、方式に瑕疵ある遺言を死因贈与に転換できないとしながら、遺言作成の直後に死因贈与契約が成立したと認定したものである。

本判例は、方式に瑕疵ある遺言を死因贈与の申込書面と解することを否定したものではない。

〇東京地裁昭和56年8月3日判決（判時1041・84）

<事案の概要>

男性A（乙山太郎）は、炊事、洗濯、入院中の付添看護をしてくれた原告（甲野花子）に感謝して、入院中に、1枚の便箋用紙に「乙山一郎と甲野花子と2人で半分づつな」と自署し、太郎と署名し、その名下及び本文中の2か所に自分の印を押捺し、これを直ちに原告に手渡した。なお、

本書面には作成日付の記載がなかった。

Aの死亡後、原告は、乙山一郎（Aの子）に対して、Aの遺産の2分の1相当額の金員の支払を求める訴訟を提起した。

＜判　旨＞

「仮に本件遺言書が自筆証書遺言としての要式性を欠くものとして無効であるとしても、Aが、昭和51年3月17日、自分が死亡した場合には自分の財産の2分の1を原告に贈与する意思を表示したものであり、原告はこの申し出を受け入れたものであると認めるのが相当である。なお、本件遺言書には、Aの財産のうちのどれを原告に贈与するのかについての具体的な記載はなされてはいないが、これは、Aが特定の財産ではなく自分の全財産の2分の1を原告に贈与する意思を有していたから、ことさら財産の特定をしなかったものと解するのが相当である。」として、原告の請求をほぼ認めた。

＜解　説＞

日付がない自筆証書遺言を死因贈与契約の書面と認めた判例である。

本件は、被相続人の財産の2分の1を、世話をしてくれた女性に包括的に死因贈与した事例であり、受贈者が書面の交付を受けていることから受贈者の贈与の承諾があったと認定したものである。

〇東京高裁昭和60年6月26日判決（判時1162・64）

＜事案の概要＞

Aは、昭和50年10月中旬頃に、Y（Aの孫で代襲相続人）との間で、A所有の土地（本件土地）を死因贈与する契約を締結した。そして、Aは、同月31日に本件土地をYに遺贈する旨の遺言公正証書を作成した。A死亡後、Yは、本件土地について遺贈を原因とする所有権移転登記を経由した。本件遺言公正証書に立ち会った2人の証人のうち1人は、Aの代襲相続人の配偶者であり、民法974条2号の欠格事由を有する者であった。

142 第4章 無効な遺言の死因贈与への転換

　Aの非嫡出子であるXは、Yに対し、所有権移転登記の更正登記手続を求める訴訟を提起した。

　一審は、Xの請求を認容した。

＜判　旨＞

　控訴審は、以下のように述べて原判決を取り消し、Xの請求を棄却した。

　「民法550条が書面によらない贈与を取り消しうるものとした趣旨は、贈与者が軽率に贈与を行うことを予防するとともに贈与の意思を明確にし後日紛争が生じることを避けるためであるから、贈与が書面によってされたものといえるためには、贈与の意思表示自体が書面によってされたこと、又は、書面が贈与の直接当事者において作成され、これに贈与その他の類似の文言が記載されていることは、必ずしも必要でなく、当事者の関与又は了解のもとに作成された書面において贈与のあったことを確実に看取しうる程度の記載がされていれば足りるものと解すべきところ、前記遺言公正証書は、Aの嘱託に基づいて公証人が作成したものであり、右公正証書には前記死因贈与の意思表示自体は記載されておらず、また、これを死因贈与の当事者間において作成された文書ということもできないが、前記認定のように、Aが本件土地をYに死因贈与し、Aは右死因贈与の事実を明確にしておくため公正証書を作成することとし、Yの了解の下に前記遺言公正証書の作成を嘱託したことが認められ、このことと遺贈と死因贈与とはいずれも贈与者の死亡により受贈者に対する贈与の効力を生じさせることを目的とする意思表示である点において実質的には変わりがないことにかんがみると、前記遺言公正証書は前期死因贈与について作成されたものであり、前記のようなかしの存在により公正証書としての効力は有しないものの、右死因贈与について民法550条所定の書面としての効果を否定することはできないものというべきである。したがって、本件死因贈与は書面によるものというべきであり、これを取り消すことは許されない。」

＜解　説＞

　無効な公正証書遺言を民法550条の贈与の書面と解し、死因贈与の取

第4章　無効な遺言の死因贈与への転換　　143

消しを否定した判例である。

　本公正証書遺言には、遺言者が病気のため署名できないので公証人が代署した旨の記載があるが、控訴審判決は、それでも死因贈与の書面と認めている。

〇広島家裁昭和62年3月28日審判（家月39・7・60）
＜事案の概要＞
　Aは、昭和51年7月頃に、心臓手術を受けたが、これを契機に妻（申立人）から遺産相続のことをきちんと話をつけておいてくれと頼まれたため、昭和51年7月下旬頃、遺言書と題する文書（以下「本文書」という。）を作成し、これを申立人に交付した。Aは、昭和61年1月に死亡した。

　本文書には、作成日付がなく、Aの押印もなかった。

　申立人は、本文書について検認を受けた後、執行者の選任を求めた。
＜判　旨＞
　裁判所は、以下のように述べて、死因贈与の執行者の選任をした。

　「前記遺言書と題する文書は、遺言としての法的効力はないとしても、前記認定事実に徴すると死因贈与契約の成立を証明する文書であることは明らかであると認められる。即ち、Aと申立人との間に、昭和51年7月下旬ころ、Aの所有する一切の財産を申立人に死因贈与する旨の契約が成立したことが明らかである。そして、死因贈与については、遺贈に関する規定が準用される（民法554条）。従つて、遺贈の執行に関する規定である民法1010条を準用して、死因贈与の執行のために執行者を選任することができるものと解される。」
＜解　説＞
　日付及び遺言者の押印がない無効な自筆証書遺言を、死因贈与契約の成立を証明する文書と解し、妻との死因贈与契約の成立を認め、死因贈与の執行者を選任した事案である。

2　死因贈与への転換を否定した判例

　無効な遺言を死因贈与とは認めなかった主な判例は、以下のとおりである。

○仙台地裁平成4年3月26日判決（判時1445・165）

＜事案の概要＞

　Aは友人であるBに代筆させて「遺言書　署名　私の名儀にある総ての全財産を私の死後は甲野春夫（孫）に委譲するものとす」と記載した書面（本件書面）を作成していた。しかし、A所有の各不動産は、A死亡直前に贈与や売買を原因としてAの相続人であるYらに所有権移転登記がされていた。

　X（甲野春夫）は、Yらに対し、所有権移転登記の抹消、死因贈与契約に基づきXへの所有権移転登記手続等を求める訴訟を提起した。

＜判　旨＞

　裁判所は、以下のとおり述べて、Xの請求を棄却した。

　「Bは、代筆した後、Aが死亡してその葬儀の日まで本件書面を保管したうえ、葬儀の日にC方〔著者注：Xの父〕に持参して、Cや原告に対しこれを呈示したことが認められ、したがって、原告は葬儀の日以前に本件書面を見る機会はなかったのであるから、原告本人尋問の結果のうち、原告がAから本件書面を示されて死因贈与を承諾したという部分は、真実に反するものといわざるを得ない。」「そうすると、本件書面は、遺言書以外のなにものでもなく、その作成の状況、保管の経緯、原告等の親族に呈示された時期などの事情を加えて斟酌しても、死因贈与の意思表示の趣旨を含むとは認められず、また、それに対する原告の承諾の事実も認められない。したがって、Aから原告に対する死因贈与は認められないのであるから、原告の請求は、その余の判断をするまでもなく、すべて理由がない。」

＜解　説＞

　本件では、XがAの葬儀以前に本書面を見ていないことから、死因贈

第4章　無効な遺言の死因贈与への転換　　145

与を承諾したとは認められなかったものである。

　また、Aの生前に贈与、売買を原因として相続人に所有権移転登記がされていたこともXの請求を棄却した背景となっていると思われる。

○東京地裁平成26年4月25日判決（金法1999・194）

＜事案の概要＞

　A（春野松雄）は、メモ用紙に「委任状　私春野松雄は下記のものを代理人と定め一切の権限を委任します。遺産についても同様全て相続する。」、「秋山町哉　6月27日　鎌倉市○○　春野松雄　印」と書いた書面（本件書面）を残した。

　Aは、平成24年7月に死亡した。Aに妻子はおらず、父母及び弟は先に死亡しており、B（秋山町哉）は従弟である。

　Bは、本件書面について検認を受け、遺言執行者の選任申立てをなし、Xが遺言執行者に選任された。

　Xは、Aが預金を有していたY銀行に対して、預金の払戻請求の訴訟を提起した。

＜判　旨＞

　「本件書面には、日付として「6月27日」との記載があるのみで、本件書面の記載からは、それが何年の6月27日を指すものであるか明らかではない。そうすると、本件書面には、暦上の特定の日の表示がなく、民法968条1項にいう「日付」の記載を欠くといわざるを得ないから、本件書面が春野の自書による遺言書であったとしても、自筆証書遺言としては無効というほかない。」

　「本件書面末尾の春野の住所氏名の記載は、春野の自書と認められる上記各記載とは筆跡が相当異なる。本件書面の手書き部分は、春野の住所氏名部分も含め、全体に同じような筆跡で整然と記載されており、普段とは相当異なる筆跡となるような体勢又は状況の下で記載されたものであるとはうかがわれない。そうすると、本件書面が春野の自書により作成されたものであると認めることはできない。」

「また、本件書面は、ゴルフクラブの名称が入ったメモ用紙に、「委任状」との表題の下に、「私春野松雄は下記のものを代理人と定め一切の権限を委任します。」との文言に付加して、「遺産についても同様全て相続する。」、「秋山町哉」との記載がされただけのものであって、6000万円を超える預金債権や自宅の土地建物など少なからぬ資産を有していた者がその全財産を法定相続人ではない者に死因贈与する意思を表明するために作成した文書であるとみるには、余りに不自然な体裁である。」

<解　説>

年の記載がないため自書であったとしても無効な自筆証書遺言が、自書であるとは認められず、死因贈与の意思を表明する文書としては、不自然であるとして、死因贈与が認められなかった事案である。

3　無効な遺言が死因贈与と認められるポイント

上記の判例等から、無効な遺言が死因贈与と認められるためのポイントを挙げてみる。

(1)　無効な遺言が死因贈与の申込みと認められる場合

死因贈与への転換が認められる場合、無効な遺言が、死因贈与の申込書面と解される場合と、民法550条の贈与の書面と解される場合がある。

上記1の水戸家裁昭和53年12月22日審判は、無効な遺言を死因贈与の申込書面と解し、上記1の東京高裁昭和60年6月26日判決、広島家裁昭和62年3月28日審判は、無効な遺言を民法550条の贈与書面と解している。

無効な遺言が死因贈与の申込書面と認められるかどうかは、遺言作成時の遺言者の意思を推定するほか、遺言作成後に遺言書を受贈者に交付していたかどうかが重要なポイントになっている。

遺言作成後にその遺言書を受贈者に交付していた場合には、遺言者に、その受贈者への贈与の意思があったと解されやすいからである。

(2) 無効な遺言が民法550条の贈与書面と認められる場合

民法550条は、「書面によらない贈与は、各当事者が撤回することができる。ただし、履行の終わった部分については、この限りでない。」と定める。

この書面について、判例は、贈与者がその意思表示をなしたることを認むるに足るべき程度の記載をもって足り、受贈者が承諾の意思表示をなしたることについてまでも書面を作成する必要はないと解しており（大判明40・5・6民録13・503）、「贈与の書面には、当事者間において贈与者が自己の財産を相手方に与える慎重な意思を文書を通じて確実に看取し得る程度の表現あるを以て足りる」（最判昭25・11・16判タ8・53）等と述べ、非常に緩やかに解している。

さらに、最高裁昭和53年11月30日判決（判時911・108）は、「同条が書面によらない贈与を取り消しうるものとした趣旨は、贈与者が軽率に贈与を行うことを予防するとともに贈与の意思を明確にし後日紛争が生じることを避けるためであるから、贈与が書面によってされたものといえるためには、贈与の意思表示自体が書面によってされたこと、又は、書面が贈与の直接当事者間において作成され、これに贈与その他の類似の文言が記載されていることは、必ずしも必要でなく、当事者の関与又は了解のもとに作成された書面において贈与のあったことを確実に看取しうる程度の記載がされていれば足りるものと解すべきだからである。」と述べ、この判例は確立している。

このような判例から、民法550条の贈与書面といえるためには、贈与者と受贈者間で、贈与書面が作成されたことまで必要なく、また受贈者の受諾の意思表示までは書面によることを要しないことは確立しているといえる。

したがって、贈与者の無効な遺言が、死因贈与の書面と認められる余地は十分にあることになる。

(3) 受贈者の承諾

死因贈与は契約であるから、契約成立には、贈与者の贈与の意思表示と受贈者の受諾の意思表示が必要である。

したがって、少なくとも受贈者が遺言者の生前に遺言の内容を知っていることが必要であり、上記2の仙台地裁平成4年3月26日判決のように、受贈者が遺言者の死後に遺言を知った場合には、死因贈与は成立しない。

無効な遺言の死因贈与への転換が認められるかどうかは、この受贈者が遺言者の生前に遺言を知っていたかどうかが重要なポイントになっている。

(4) 遺言者の遺言作成の背景

無効行為の転換の理論は、遺言者の企図した効果を生じさせようとするものであるから、遺言者が遺言を作成した背景事情を探索して、遺言者の真意を主張立証することが重要である。

上記1の東京地裁昭和56年8月3日判決の事案は、遺言者が付添看護等をしてくれた女性に感謝して入院中に当該書面を書いたことを認定しており、このような遺言者の動機、背景事情等が重要となる。

第 5 章

死因贈与と登記

150

第1　死因贈与と登記

　死因贈与は、遺贈と異なり、被相続人の死亡前でも仮登記をすることができる。この場合、被相続人の死亡後に本登記をすることになる。

　また、相続や遺贈と同様に、仮登記をせずに、死亡後に移転登記をすることもできる。

　以下では、登記の法的効力について述べた上、死因贈与の登記手続を概説する。

第2　登記の法的効力

1　登記の法的効力

　本登記には対抗力と権利推定力があるといわれる。

　対抗力とは、不動産の物権変動を第三者に主張できることをいう。逆に言えば、不動産の物権変動に関しては、登記をしなければ第三者に対抗することができない（民177）。

　権利推定力とは、登記の記載どおりの実体的権利関係が存在するものと推定されることをいう。

　一方、仮登記には上記のような本登記の効力はなく、順位保全効のみがある。

　順位保全効とは、仮登記に基づいてなされた本登記の順位が、仮登記の順位によって定められることをいう（不登106）。

2　死因贈与と対抗関係

　不動産の物権変動に関しては、登記をしなければ第三者に対抗することができないことは、上述したとおりであるが（民177）、死因贈与も、

贈与契約の一種であるから、民法177条の適用がある。

　したがって、贈与者が生前に目的物を第三者に譲渡した場合や、贈与者の相続開始後に相続人が第三者に譲渡したときは二重譲渡となり、登記の先後によって優劣が決まる。

3　包括的死因贈与と対抗関係

　包括受遺者については、民法177条の適用があるか否かについては争いがある（中川善之助＝加藤永一編『新版注釈民法(28)』225頁〔阿部徹〕（有斐閣、1988））。

　大阪高裁平成18年8月29日判決（判時1963・77）は、以下のように述べて、民法177条の適用を肯定している。

○大阪高裁平成18年8月29日判決（判時1963・77）

＜事案の概要＞

　Aは、弟と共に本件不動産の2分の1の持分を所有していた。

　Aは、平成15年4月4日に、弟の子であるXと養子縁組をし、同日Xに本件不動産の共有持分を贈与する契約をした。

　Aは、同月13日に、「私の財産は全てYに遺贈します。」と記載した自筆証書遺言を作成した。

　Aは、同月16日に死亡した。

　同年6月に、Yは、本件不動産持分について遺贈を原因とする所有権移転登記を了した。Xは、Yに対し、本件不動産持分について、贈与を原因とする所有権移転登記手続等を求める訴訟を提起した。

＜判　旨＞

　一審は、Xの請求を棄却した。

　控訴審も、以下のように述べて、Xの控訴を棄却した。

　「被相続人の意思に基づく財産の処分である点で、包括遺贈は、特定遺贈と同じである。包括遺贈も、遺贈の対象となる財産を個々的に掲記する代わりにこれを包括的に表示する実質を有するもので、その限りで

第5章　死因贈与と登記　　153

特定遺贈とその性質を異にするものではないと解される。包括遺贈が被相続人の意思に基づく財産の処分である以上、その効力が生前贈与などのように生前に発生するか、被相続人の死亡時に発生するかにかかわりなく、それに基づく物権変動の効力は、登記がされるまでは、いずれも未完成であり、登記がされれば、その時点で完成すると解するのが相当である。実質的にみても、相続人の存在は、戸籍により明確に把握できるのに対し、遺贈の有無は、包括遺贈であれ特定遺贈であれ、外部からは当然には分からないのであるから、これによる所有権の移転が登記なしに第三者に対抗することができないと解することが、第三者の保護の見地からも妥当であるといえる。民法177条との関係では、包括遺贈による所有権の移転と特定遺贈による所有権の移転とを区別して考えることはできないというべきである。

　そうすると、民法990条の規定にかかわらず、包括遺贈による所有権の移転は、民法177条にいう「不動産に関する物権の得喪及び変更」に該当し、そのような物権変動を受けた他の者との関係では、対抗問題になり、原則として、包括遺贈を受けた者が民法177条にいう「第三者」に該当すると解すべきである。」

＜解　説＞

　包括遺贈による所有権移転は、民法990条の規定にかかわらず、民法177条の「不動産に関する物権の得喪及び変更」に該当し、物権変動を受けた他の者との関係では、対抗問題となるとした判例である。

　この判例については、民法990条の効果として、贈与契約の履行を受けることができなくなった受贈者であるXは、そのことによって生ずる損害がある場合には、Yに対しその賠償を請求できるとする指摘がある（山野目章夫「包括遺贈と登記」判タ1249号48頁（2007））。

　上記のとおり、包括受遺者に民法177条の適用があるとする判例の立場によれば、包括的死因贈与の受贈者についても、同様に民法177条の適用があると考えられる。

4 限定承認における相続債権者との優劣

相続人が限定承認を行うと、被相続人の債権者や受遺者に対して、相続財産の限度においてのみ責任を負えばよくなり、自己の財産から責任を負う必要はなくなる（民922）。

相続債権者の立場からいえば、相続財産のみが相続債務の引当てになる。

限定承認手続では、相続債権者に弁済した後でなければ、受遺者に弁済することができないとされており（民931）、受遺者は相続債権者に劣後する。

死因贈与につき仮登記がなされ、相続開始後に仮登記に基づき本登記がなされた場合、当該財産は「相続財産」として、相続債務の引当てになるのであろうか。また、死因贈与の受贈者は、相続債権者に劣後するのであろうか。

限定承認がされた場合における相続債権者と受遺者・受贈者との優劣関係については、学説が分かれている。

① 相続債権者優先説

中川善之助＝泉久雄『相続法』418頁（有斐閣、第4版、2000）は、受贈者が「たとい相続開始後に対抗要件を具備するに至ったとしても、その後に限定承認があれば、限定承認の効力は、相続開始の時にさかのぼるから、相続財産も、同時に、相続債権者のために凍結してしまうものといわなければならない。即ち遺贈不動産について対抗要件が備わる以前に、相続財産は凍結し、相続債権者に対抗しえない遺贈不動産も、相続財産に組み入れられる結果となる。」と述べる。

② 対抗問題説

相続債権者と受遺者・受贈者とは対抗関係に立ち、両者の優劣は受遺者等への移転登記と相続債権者の差押登記の先後により決まる

との説である（鈴木禄弥「特定物遺贈における物権変動の時期」民事研修51号34頁以下（1961）、加藤永一「遺言の効力」中川善之助教授還暦記念家族法大系刊行委員会編『家族法大系Ⅶ相続(2)』210～212頁（有斐閣、1960）、山崎邦彦「限定承認」中川善之助先生追悼現代家族法大系編集委員会編『現代家族法大系5』172頁（有斐閣、1979））。

　両説について「相続債権者優先説は、限定承認について何らの公示もされないのに、相続債権者を非常に強い地位に置く点において、取引の安全を軽視するものであるとの難点があろう。これに対して、対抗問題説は、理論的な難点も少なく、（中略）取引の安全も確保しながら具体的妥当な結論を出すことができ、相続債権者優先説より優れていると考えられる。」との指摘がある（野山宏『最高裁判例解説民事篇　平成10年度（上）』72頁（法曹会、2001））。

　この点について、下記の東京高裁判例は、相続債権者優先説をとっており、最高裁判決は対抗問題説を採った上で、信義則により死因贈与の対象不動産を相続債務の引当てになると判断していると思われる。

○東京高裁平成8年7月9日判決（判時1572・56）・最高裁平成10年2月13日判決（判時1635・49）

＜事案の概要＞

　Aは、昭和62年12月21日に子であるXらに本件土地を持分2分の1ずつ死因贈与し、同月23日死因贈与を登記原因とする始期付所有権移転仮登記（本件仮登記）を了した。

　Aは、平成5年5月9日に死亡し、相続人は、子であるBとXらの3名であった。

　Bは、平成5年7月に相続放棄の申述をなし、Xらは、平成5年8月3日に限定承認の申述をなし、同申述は、同月26日に受理された。

　Xらは、平成5年8月4日に、本件仮登記に基づく所有権移転登記（本件本登記）を了した。

クレジット会社であるYは、平成6年2月に、Aを債務者とする執行力
ある公正証書正本に基づき本件土地に対する強制執行（本件強制執行）
の申立てをした。

平成6年11月に本件土地について強制競売開始決定がなされ、差押登
記がされた。

Xらは、Yに対し、第三者異議の訴えを提起した。

＜判　旨＞

一審は、Xらの請求を認容した。

控訴審は、以下のように述べて、原判決を取り消し、Xらの請求を棄
却した。

「限定承認がなされると、限定承認者は「相続によって得た財産」の
限度においてのみ被相続人の債務及び遺贈を弁済することとされ（民法
922条）、同法929条、930条の規定によって債権者に弁済した後でなけれ
ば、受遺者に弁済することができないとされ（同法931条）、受遺者は相
続債権者に劣後する地位に置かれている。これは遺贈は無償行為である
ことに加え、権利変動の効力発生が遺贈者の死亡にかかり、遺贈者の生
前は取消（撤回）が自由であること（民法1022条）によるものである。
ところで、死因贈与も無償行為であり、しかもその権利変動は贈与者の
死亡にかかっており、民法1022条は方式に関する部分を除いて死因贈与
に準用されるものと解されるので、死因贈与の取消（撤回）も贈与者が
その生前自由になしうるものである（仮登記後に死因贈与が取り消され
れば、その仮登記は抹消すべきものである）。そうであるとすると債務
超過を念頭においた清算手続である限定承認において、遺贈と死因贈与
とを別異に扱うべき合理的理由はないものといわなければならない。」

「特定不動産の死因贈与について仮登記がなされ、贈与者の死亡後に
本登記がなされたとしても、右不動産は贈与者の死亡時、すなわち相続
開始の時に贈与者から受贈者に権利が移転するのであり、まさに、相続
財産を減少することによって、死因贈与に基づく権利移転の効果が生ず
るのである。法律効果の発生を当事者の死亡にかからせることのない、
始期付き又は停止条件付きの法律行為について仮登記がなされ、始期の
到来又は条件成就が偶々行為者の死後発生し、仮登記に基づく本登記が

第5章　死因贈与と登記　　157

なされた場合には、仮登記の順位保全の効力により、仮登記の対象である不動産は、相続開始時点においてすでに相続財産から離脱したものとして取り扱われるが、これは、当該法律行為の効果が行為者の死亡とかかわりがないことによるものであり、行為者の死亡により効果の発生する死因贈与の場合とは事態が異なるものということができる。

　したがって、Ｘらのような推定相続人が被相続人との間で被相続人所有の不動産について死因贈与を受ける契約を結び、その仮登記を取得しても、一種の清算手続である限定承認の手続では、右の不動産を相続財産から離脱した財産であって、被控訴人らの固有財産であると主張することはできず、右の不動産は、民法922条の「相続によって得た財産」に該当し、相続債務の引当てになるものと解するのが相当である。」

　上告審は、以下のように述べて、Ｘらの上告を棄却した。

　「不動産の死因贈与の受贈者が贈与者の相続人である場合において、限定承認がされたときは、死因贈与に基づく限定承認者への所有権移転登記が相続債権者らによる差押登記よりも先にされたとしても、信義則に照らし、限定承認者は相続債権者に対して不動産の所有権取得を対抗することができないというべきである。けだし、被相続人の財産は本来は限定承認者によって相続債権者に対する弁済に充てられるべきものであることを考慮すると、限定承認者が、相続債権者の存在を前提として自ら限定承認をしながら、贈与者の相続人としての登記義務者の地位と受贈者としての登記権利者の地位を兼ねる者として自らに対する所有権移転登記手続をすることは信義則上相当でないものというべきであり、また、もし仮に、限定承認者が相続債権者による差押登記に先立って所有権移転登記手続をすることにより死因贈与の目的不動産の所有権取得を相続債権者に対抗することができるものとすれば、限定承認者は、右不動産以外の被相続人の財産の限度においてのみその債務を弁済すれば免責されるばかりか、右不動産の所有権をも取得するという利益を受け、他方、相続債権者はこれに伴い弁済を受けることのできる額が減少するという不利益を受けることとなり、限定承認者と相続債権者との間の公平を欠く結果となるからである。そして、この理は、右所有権移転登記

が仮登記に基づく本登記であるかどうかにかかわらず、当てはまるものというべきである。」

<解　説>

　控訴審判決では、①受遺者は相続債権者に劣後されているところ（民931）、死因贈与と遺贈とを別異に扱うべきではないこと、②死因贈与では、贈与者の死亡時に贈与者から受贈者に権利が移転するが、これは、当事者の死亡にかからせることのない条件により仮登記がなされ、その後偶々行為者の死後に条件が成就したことにより仮登記に基づく本登記がなされた場合とは異なることを理由として、死因贈与の対象財産を、相続債務の引当てになるものと判断したものである。

　後者の点については、土地について代物弁済契約の予約がなされて、所有権移転請求権保全の仮登記がなされ、その後条件成就により所有権移転の効力が生じ、さらにその後相続が開始して限定承認がなされたという事案について、本登記がされた以上、代物弁済による所有権の取得を相続債権者に対抗することができるとした判例（最判昭31・6・28民集10・6・754）との違いを説明したものといえる。

　最高裁判決は、「相続債権者優先説に立てば本判決と同様の上告棄却の結論が容易に導き出せるのに、本判決理由が相続債権者優先説に従った説示をしていないところからすると、本判決は、相続債権者優先説を採用せず、対抗問題説の立場に立つことを前提としているのではないかと思われる。」と指摘されている（野山・前掲73頁）。

第3　仮登記手続

1　死因贈与に基づく仮登記の根拠

　登記実務上、相続開始前に、死因贈与に基づく所有権移転の仮登記をすることができるとされている。

　この仮登記は、不動産登記法105条2号に定める「第3条各号に掲げる

権利の設定、移転、変更又は消滅に関して請求権（始期付き又は停止条件付きのものその他将来確定することが見込まれるものを含む。）を保全しようするとき。」による仮登記である。

そして、「①死因贈与契約に基づく所有権移転の仮登記は、登記の目的を「始期付所有権移転仮登記」とし、原因を「　年　月　日始期付贈与（始期　甲の死亡）」とする。」（登記研究352号104頁・質疑応答）とされる。

他方、遺言者生存中に遺贈を原因とする所有権移転請求権の仮登記はできない（上記質疑応答）とされる。

これは、遺贈はいつでも取り消せるから（民1022）単なる事実上の見込みにすぎず、遺贈に基づく所有権移転仮登記はすることができないと説明されている（南敏文「不動産の死因贈与を内容とする和解の条項」青山正明編『民事訴訟と不動産登記一問一答』24頁（テイハン、1994））。

しかし、死因贈与の撤回に関する判例は、原則として死因贈与の撤回を認めているとの解釈に立つと、死因贈与の仮登記を認める根拠についても疑問が呈示されている（野山・前掲80頁）。

仮登記は、受贈者を登記権利者、贈与者を登記義務者とする共同申請が原則であるが（不登60）、登記義務者の承諾があるときは、登記権利者が単独で申請をすることができる（不登107①）。

以下ではそれぞれについて概説する。

2　共同申請の場合

(1)　申請について

登記申請書の記載概要は以下のとおりである。

登録免許税は、不動産価格の1000分の10である（登税別表1−（十二）ロ(3)）。

登記申請書

登記の目的　始期付所有権移転仮登記

原　　　因　平成○年○月○日始期付贈与（※1）
　　　　　　（始期　甲野一郎の死亡）

権　利　者　○○県○○市○○町○丁目○番地
　　　　　　乙　川　太　郎

義　務　者　○○県○○市○○町○丁目○番地
　　　　　　甲　野　一　郎

添 付 情 報　登記原因証明情報　印鑑証明書　代理権限証明情報

※1　契約締結日を記載する。

(2)　添付情報

① 　登記原因証明情報（不登61、不登令7①五ロ）

・死因贈与契約書等

② 　印鑑証明書（不登令16②③・18②③）

発行から3か月以内の登記義務者（贈与者）の印鑑証明書が必要である。

③ 　代理権限証明情報（不登令7①一・二）

・委任状

代理人により申請する場合には、委任状が必要である。

また、受贈者が法人である場合には、代表者事項証明書が必要である。

第5章　死因贈与と登記　　　161

3　単独申請の場合

（1）　申請について

登記申請書の記載概要は以下のとおりである。

登録免許税は、不動産価格の1000分の10である（登税別表1一（十二）ロ(3)）。

単独申請の場合における共同申請の場合との相違点としては、添付情報として、登記義務者（贈与者）の印鑑証明書の代わりに、登記義務者（贈与者）の承諾証明情報を提出する必要がある点である。

登記申請書

登記の目的　始期付所有権移転仮登記
原　　　因　平成○年○月○日始期付贈与（※1）
　　　　　　（始期　甲野一郎の死亡）
権　利　者　○○県○○市○○町○丁目○番地
　　　　　　乙　川　太　郎
義　務　者　○○県○○市○○町○丁目○番地
　　　　　　甲　野　一　郎
添付情報　登記原因証明情報　承諾証明情報　代理権限証明情報

※1　契約締結日を記載する。

（2）　添付情報

① 　登記原因証明情報（不登61、不登令7①五ロ）

・死因贈与契約書等

② 　承諾証明情報（不登令別表六十八）

・死因贈与契約書を公正証書で作成した場合において、公正証書に仮登記の認諾条項があるときは、公正証書のみでよい（後記昭和54

年7月19日民三第4170号法務省民事局長通達)。

・上記以外の場合には、登記義務者による仮登記の承諾書及び登記
義務者の印鑑証明書が必要になる。

③ 代理権限証明情報（不登令7①一・二）

・委任状

代理人により申請する場合には、委任状が必要である。

また、受贈者が法人である場合には、代表者事項証明書が必要で
ある。

○昭和54年7月19日民三第4170号法務省民事局長通達

＜要　旨＞

不動産登記法32条の規定に基づき、申請書に仮登記義務者の承諾書を
添付して仮登記権利者のみで仮登記を申請する場合において、仮登記義
務者の仮登記申請に関する認諾条項のある公正証書を右承諾書とすると
きは、仮登記義務者の印鑑証明書の提出を要しない。

なお、当該公正証書の正本又は謄本を登記原因証書とするときは、そ
の写しを提出するものとし、申請書に記載すべき添付書類たる承諾書の
表示は、「承諾書（公正証書）」とするのが相当である。

第4　所有権移転本登記

1　所有権移転本登記

死因贈与の仮登記が行われた後、受贈者が死亡した場合は、本登記
を行うことになる。

この場合、死因贈与執行者の指定がある場合とない場合とで手続が
異なるため、以下ではそれぞれにつき概説する。

第5章 死因贈与と登記   163

2 執行者の指定がない場合

（1） 申請について

登記申請書の記載概要は以下のとおりである。

登録免許税は、不動産価格の1000分の10である（登税17・別表1一（十二）ロ(3)）。

受贈者を登記権利者、贈与者の相続人全員を登記義務者とする共同申請が必要である（不登60・62）。

農地について所有権移転登記を申請する場合には、以下の書類のほか、農地法3条1項又は5条1項の規定による都道府県知事の許可書を提供する必要がある。

なお、農地の遺贈の場合において、包括遺贈又は相続人に対する特定遺贈の場合には、許可書の添付を要しないとされているが、包括的死因贈与の場合には、許可書の添付が必要である。

登記申請書

登記の目的　○番仮登記の所有権移転本登記
原　　　因　平成○年○月○日贈与（※1）
権　利　者　○○県○○市○○町○丁目○番地
　　　　　　乙　川　太　郎
義　務　者　○○県○○市○○町○丁目○番地（※2）
　　　　　　亡甲野一郎相続人　甲　野　花　子
　　　　　　○○県○○市○○町○丁目○番地
　　　　　　亡甲野一郎相続人　甲　野　次　郎
添付情報　　登記識別情報　登記原因証明情報　印鑑証明書
　　　　　　住所証明情報　相続証明情報　代理権限証明情報

※1　贈与者の死亡日を記載する。

※2　贈与者の相続人全員を記載する。

（2）　添付情報

① 登記識別情報又は登記済証（不登22）

　　贈与者（の相続人）が保有する登記識別情報又は登記済証の提出が必要である。

② 登記原因証明情報（不登61、不登令7①五ロ）

　a　死因贈与契約書等

　b　除籍謄本

　　　贈与者の死亡が記載された除籍謄本の提出が必要である。

　c　死因贈与契約書が私署証書であるときは、α贈与者の印鑑証明書、又は、β贈与者の相続人全員が分かる除・戸籍謄本が必要である。

③ 印鑑証明書（不登令16②③・18②③）

　　発行から3か月以内の登記義務者（相続人全員）の印鑑証明書が必要である。

④ 住所証明情報（不登令別表三十）

　・受贈者の住民票

⑤ 相続証明情報（不登令7①五イ）

　・戸籍謄本

　　申請者が贈与者の相続人であることを証する戸籍謄本が必要である。

⑥ 代理権限証明情報（不登令7①一・二）

　・委任状

　　代理人により申請する場合には、委任状が必要である。

　　また、受贈者が法人である場合には、代表者事項証明書が必要である。

3　執行者の指定がある場合

（1）　申請について

登記申請書の記載概要は以下のとおりである。

第5章　死因贈与と登記　　165

　登録免許税は、不動産価格の1000分の10である（登税17・別表1一（十二）
ロ(3)）。

　受贈者を登記権利者、死因贈与執行者を登記義務者とする共同申請
が必要である（不登60）。

　農地について所有権移転登記を申請する場合には、以下の書類のほ
か、農地法3条1項又は5条1項の規定による都道府県知事の許可書を提
供する必要がある。

　なお、農地の遺贈の場合において、包括遺贈又は相続人に対する特
定遺贈の場合には、許可書の添付を要しないとされているが、包括的
死因贈与の場合には、許可書の添付が必要である。

登記申請書

登記の目的　○番仮登記の所有権移転本登記
原　　　因　平成○年○月○日贈与（※1）
権　利　者　○○県○○市○○町○丁目○番地
　　　　　　乙　川　太　郎
義　務　者　○○県○○市○○町○丁目○番地（※2）
　　　　　　亡　甲　野　一　郎
添付情報　　登記識別情報　登記原因証明情報　代理権限証明情報
　　　　　　印鑑証明書　住所証明情報

　※1　贈与者の死亡日を記載する。
　※2　贈与者の住所氏名を記載する。執行者の氏名は記載しない。

　(2)　添付情報
①　登記識別情報又は登記済証（不登22）
　贈与者（の相続人）が保有する登記識別情報又は登記済証の提出
が必要である。

② 登記原因証明情報（不登61、不登令7①五ロ）

a 死因贈与契約書等

b 除籍謄本

贈与者の死亡が記載された除籍謄本の提出も必要である。

c 死因贈与契約書が私署証書であるときは、α贈与者の印鑑証明書、又は、β贈与者の相続人全員が分かる除・戸籍謄本及び贈与者の相続人全員の印鑑証明付承諾書が必要である。

③ 代理権限証明情報（不登令7①一・二）

・委任状

代理人により申請する場合には、委任状が必要である。

また、受贈者が法人である場合には、代表者事項証明書が必要である。

④ 印鑑証明書（不登令16②③・18②③）

発行から3か月以内の登記義務者（執行者）の印鑑証明書が必要である。

⑤ 住所証明情報（不登令別表三十）

・受贈者の住民票

第5 所有権移転登記

1 所有権移転登記

死因贈与の仮登記が行われていない場合には、贈与者の死亡後、死因贈与を原因として所有権移転登記を行うことになる。

この場合、死因贈与執行者の指定がある場合とない場合とで手続が異なるため、以下ではそれぞれにつき概説する。

2 執行者の指定がない場合

(1) 申請について

登記申請書の記載概要は以下のとおりである。

登録免許税は、不動産価格の1000分の20である（登税別表1一㈡ハ）。

受贈者を登記権利者、贈与者の相続人全員を登記義務者とする共同申請が必要である（不登60・62）。

農地について所有権移転登記を申請する場合には、以下の書類のほか、農地法3条1項又は5条1項の規定による都道府県知事の許可書を提供する必要がある。

なお、農地の遺贈の場合において、包括遺贈又は相続人に対する特定遺贈の場合には、許可書の添付を要しないとされているが、包括的死因贈与の場合には、許可書の添付が必要である。

登記申請書

登記の目的　所有権移転
原　　　因　平成○年○月○日贈与（※1）
権　利　者　○○県○○市○○町○丁目○番地
　　　　　　乙　川　太　郎
義　務　者　○○県○○市○○町○丁目○番地（※2）
　　　　　　亡甲野一郎相続人　甲　野　花　子
　　　　　　○○県○○市○○町○丁目○番地
　　　　　　亡甲野一郎相続人　甲　野　二　郎
添 付 情 報　登記識別情報　登記原因証明情報　代理権限証明情報
　　　　　　印鑑証明書　住所証明情報　相続証明情報

※1　贈与者の死亡日を記載する。

※2　贈与者の相続人全員を記載する。

（2）　添付情報

① 登記識別情報又は登記済証（不登22）

　　贈与者（の相続人）が保有する登記識別情報又は登記済証の提出が必要である。

② 登記原因証明情報（不登61、不登令7①五ロ）

　a　死因贈与契約書等

　b　除籍謄本

　　　贈与者の死亡が記載された除籍謄本の提出が必要である。

　c　死因贈与契約書が私署証書であるときは、α贈与者の印鑑証明書、又は、β贈与者の相続人全員が分かる除・戸籍謄本が必要である。

③ 代理権限証明情報（不登令7①一・二）

　・委任状

　　代理人により申請する場合には、委任状が必要である。

　　また、受贈者が法人である場合には、代表者事項証明書が必要である。

④ 印鑑証明書（不登令16②③・18②③）

　　発行から3か月以内の登記義務者（相続人全員）の印鑑証明書が必要である。

⑤ 住所証明情報（不登令別表三十）

　・受贈者の住民票

⑥ 相続証明情報（不登令7①五イ）

　・戸籍謄本

　　申請者が贈与者の相続人であることを証する戸籍謄本が必要である。

第5章　死因贈与と登記　　169

3　執行者の指定がある場合

(1)　申請について

登記申請書の記載概要は以下のとおりである。

登録免許税は、不動産価格の1000分の20である（登税別表1一㈡ハ）。

受贈者を登記権利者、死因贈与執行者を登記義務者とする共同申請が必要である（不登60）。

農地について所有権移転登記を申請する場合には、以下の書類のほか、農地法3条1項又は5条1項の規定による都道府県知事の許可書を提供する必要がある。

なお、農地の遺贈の場合において、包括遺贈又は相続人に対する特定遺贈の場合には、許可書の添付を要しないとされているが、包括的死因贈与の場合には、許可書の添付が必要である。

登記申請書

登記の目的　所有権移転
原　　　因　平成○年○月○日贈与（※1）
権　利　者　○○県○○市○○町○丁目○番地
　　　　　　乙　川　太　郎
義　務　者　○○県○○市○○町○丁目○番地（※2）
　　　　　　亡　甲　野　一　郎
添付情報　　登記識別情報　登記原因証明情報　代理権限証明情報
　　　　　　印鑑証明書　住所証明情報

※1　贈与者の死亡日を記載する。

※2　贈与者の住所氏名を記載する。執行者の氏名は記載しない。

(2)　添付情報

① 　登記識別情報又は登記済証（不登22）

　　贈与者（の相続人）が保有する登記識別情報又は登記済証の提出が必要である。

② 　登記原因証明情報（不登61、不登令7①五ロ）

　a　死因贈与契約書等

　b　除籍謄本

　　贈与者の死亡が記載された除籍謄本の提出も必要である。

　c　死因贈与契約書が私署証書であるときは、α贈与者の印鑑証明書、又は、β贈与者の相続人全員が分かる除・戸籍謄本及び贈与者の相続人全員の印鑑証明付承諾書が必要である。

③ 　代理権限証明情報（不登令7①一・二）

　・委任状

　　代理人により申請する場合には、委任状が必要である。

　　また、受贈者が法人である場合には、代表者事項証明書が必要である。

④ 　印鑑証明書（不登令16②③・18②③）

　　発行から3か月以内の登記義務者（執行者）の印鑑証明書が必要である。

⑤ 　住所証明情報（不登令別表三十）

　・受贈者の住民票

第 6 章

死因贈与と税務

172

第1　死因贈与と税務

死因贈与に関する税務としては、相続税、不動産取得税、登録免許税が問題となる。

以下では、それぞれについて概説するとともに、関連する贈与税及び裁決例についても述べる。

第2　相続税

1　相続税

相続税は、被相続人の財産を相続又は遺贈等により取得した相続人等に対して、その取得した財産に対して課される税である。

死因贈与は、相続税法1条の3第1項1号において、相続税として課税される旨規定されており、相続税の対象になる。

2　相続税の概要

(1)　納税義務者

ア　個　人

相続税の納税義務者は、原則として、相続又は遺贈（死因贈与を含む。）により財産を取得した個人である。

相続人等が、日本人で日本に居住している場合には特に問題ないが、日本国籍がない場合などには問題になる。

一般に、納税義務者については、以下の4つの類型に分けて考えられている。

① 居住無制限納税義務者

相続又は遺贈（死因贈与を含む。）により財産を取得した個人で当

該財産を取得した時において日本に住所を有する者（一時居住者であり、被相続人が一時居住者又は非居住者である場合を除く。）は、相続又は遺贈(死因贈与を含む。)により取得した財産の全部に対し、相続税が課せられる。

相続人が、通常日本で居住して生活している場合には、この居住無制限納税義務者に該当する。外国人であっても、日本で居住して生活している場合には、これに該当する。

この場合、日本国内の相続財産のみならず、海外の相続財産についても相続税が課せられる。

② 非居住無制限納税義務者

相続又は遺贈（死因贈与を含む。）により財産を取得した次に掲げる者であって、当該財産を取得した時において日本に住所を有しない者は、相続又は遺贈（死因贈与を含む。）により取得した財産の全部に対し、相続税が課せられる。

a 日本国籍を有する個人で、当該相続又は遺贈に係る相続の開始前10年以内のいずれかの時において日本に住所を有していたことがある者

b 日本国籍を有する個人で、当該相続又は遺贈に係る相続の開始前10年以内のいずれの時においても日本国内に住所を有していたことがない者（当該相続又は遺贈に係る被相続人が一時居住者又は非居住者である場合を除く。）

c 日本国籍を有しない個人（当該相続又は遺贈に係る被相続人（遺贈又は死因贈与をした者を含む。）が一時居住者又は非居住者である場合を除く。）

aの場合とは、相続人等が日本国籍を有する場合で、10年以内のいずれかの時において日本に住所を有していたことがある場合がこれに当たる。

第6章　死因贈与と税務　　175

　　ｂの場合とは、相続人等が日本国籍を有する場合で、10年以内に
日本国内に住所を有していたことがなく、被相続人が国内に居住し
ていた場合がこれに当たる。

　　ｃの場合とは、被相続人が日本人で日本に居住しているが、相続
人等が海外に行って日本国籍を有していない場合などがこれに当た
る。

　　この場合、日本国内の相続財産のみならず、海外財産についても
相続税が課せられる。

③　制限納税義務者

　　以下の者は、制限納税義務者として、相続又は遺贈（死因贈与を
含む。）により取得した財産で日本にあるものに対し、相続税が課さ
れる。

ａ　相続又は遺贈（死因贈与を含む。）により財産を取得した者で、
　　取得時に日本国内に住所を有する者（居住無制限納税義務者に該
　　当する場合を除く。）

ｂ　相続又は遺贈（死因贈与を含む。）により財産を取得した者で、
　　取得時に日本国内に住所を有しない者（非居住無制限納税義務者
　　に該当する場合を除く。）

　　ａの相続人等が相続財産取得時に日本に住所を有する場合であっ
て、居住無制限納税義務者に該当しない場合とは、当該相続人が一
時居住者であり、被相続人が一時居住者又は非居住者である場合が
これに当たる。

　　ｂの相続人等が相続財産取得時に日本に住所を有しない場合であ
って、非居住無制限納税義務者に該当しない場合とは、以下の場合
がこれに当たる。

　　㋐　相続人等が日本国籍を有する場合で、10年以上日本に住所を
　　　有しておらず、被相続人が一時居住者又は非居住者である場合

　　㋑　相続人等が日本国籍を有しない場合で、被相続人が一時居住
　　　者又は非居住者である場合

この場合、日本国内の相続財産に対し、相続税が課せられる。

このように、仮に外国人であっても、日本国内の相続財産に対しては、相続税が課せられる。

④　特定納税義務者

相続又は遺贈（死因贈与を含む。）により財産を取得しなかった者で、相続時精算課税の適用を受ける財産を贈与により取得していた者には、相続時精算課税の適用を受けた財産について相続税が課せられる。

イ　団体等

①　株式会社等

通常の株式会社等に対し、被相続人から遺贈や死因贈与がなされた場合、株式会社は相続税の納税義務者ではないため、相続税を負担する必要はない。

ただし、無償で相続財産を譲り受けたことになるため、益金の額に算入され、法人税として課税される（法人税法22②）。

②　人格のない社団又は財団等

人格のない社団又は財団等には、相続税が課される場合がある（相税66）。

具体的には、以下のとおりである。

a　代表者又は管理者の定めのある人格のない社団又は財団に死因贈与又は遺贈があった場合

当該社団又は財団を個人とみなして相続税が課せられる。人格のない社団又は財団を設立するために死因贈与又は遺贈がなされる場合も同様である。人格のない社団とは、組合契約による組合などを指す。

b　持分の定めのない法人に対し死因贈与又は遺贈があった場合において、当該死因贈与又は遺贈により当該死因贈与又は遺贈をし

第6章　死因贈与と税務　　177

た者の親族その他これらの者と特別の関係がある者の相続税の負
担が不当に減少する結果となると認められるとき

　当該法人を個人とみなして相続税が課せられる。持分の定めの
ない法人とは、出資者に残余財産の分配請求権や払戻請求権がな
い法人等をいう。

(2)　課税財産

相続税の課税財産、すなわち相続税がかかる財産には、大きく分け
て、本来の相続財産とみなし相続財産がある。

　ア　本来の相続財産

本来の相続財産とは、相続人等が被相続人から相続や遺贈（死因贈
与を含む。）により取得した財産をいう。

ここで、「財産」とは、金銭に見積もることができる経済的価値のあ
る全てのものをいうとされており、具体的には、以下のように考えら
れている（相基通11の2−1）。

① 　物権、債権及び無体財産権に限らず、信託受益権、電話加入権等
　が含まれる。

② 　法律上の根拠を有しないものであっても経済的価値が認められて
　いるもの、例えば、営業権のようなものが含まれる。

③ 　質権、抵当権又は地役権のように従たる権利は、主たる権利の価
　値を担保し、又は増加させるものであって、独立して財産を構成し
　ない。

相続が開始すると、相続人は、被相続人の一身に専属したもの（雇
用契約や委任契約の当事者としての地位、代替性のない債務など）を
除き、被相続人の財産に属した一切の権利義務を承継する。基本的に
は被相続人が相続開始時に所持していた全ての財産が相続税の対象と
いうことになる。

イ　みなし相続財産

みなし相続財産とは、相続人等が相続や遺贈（死因贈与を含む。）により被相続人から取得したものではないものの、相続税の課税対象になる財産である。

みなし相続財産になるのは、主に以下の財産である（相税3①）。

① 生命保険契約や損害保険契約の保険金

② 退職手当金、功労金等

③ 生命保険契約に関する権利

④ 定期金に関する権利

⑤ 遺贈（死因贈与を含む。）により取得したものとみなされるもの

このみなし相続財産は、民法における考え方と、相続税法における考え方が異なるので注意が必要である。

例えば、生命保険金は、民法では原則として特別受益に該当せず、相続財産に組み込まれないが、相続税法上は、みなし相続財産として課税財産になる。

(3)　非課税財産

ア　非課税財産

相続税がかからない財産としては、以下の財産がある（相税12）。

① 皇室経済法7条の規定により皇位とともに皇嗣が受けた物

② 墓所、霊びょう及び祭具並びにこれらに準ずるもの

③ 宗教、慈善、学術その他公益を目的とする事業を行う者が相続又は遺贈（死因贈与を含む。）により取得した財産で当該公益を目的とする事業の用に供することが確実なもの

④ 条例の規定により地方公共団体が精神又は身体に障害のある者に関して実施する共済制度に基づいて支給される給付金を受ける権利

⑤ 相続人の取得した生命保険金等のうち一定額

⑥　相続人の取得した退職手当金等のうち一定額

　　イ　生命保険金

　相続人の取得する生命保険金は、みなし相続財産として課税価格になる（相税3①一）。

　ただし、生命保険金については、以下のとおり、一定額については非課税となる（相税12①五・15）。

　まず、全ての相続人が取得した保険金の合計額が、500万円×相続人の数（ただし、養子については実子がいる場合には1人まで、実子がいない場合は2人までのみを算入する。）以下である場合には、相続人の取得した保険金の全額が非課税となる。

　一方、全ての相続人が取得した保険金の合計額が、500万円×相続人の数（ただし、養子については実子がいる場合には1人まで、実子がいない場合は2人までのみを算入する。）を超える場合には、500万円×相続人の数という非課税限度額に、保険金の合計額のうちに相続人が取得した保険金額の占める割合を乗じて算出した金額が非課税となる。

　なお、相続放棄をした者がいる場合には、相続放棄をした者も相続人の数に含める。

　　ウ　退職手当金等

　相続人の取得する退職手当金等は、みなし相続財産として課税価格になる（相税3①二）。

　ただし、退職手当金等については、以下のとおり、一定額については、非課税となる（相税12①六・15）。

　まず、全ての相続人が取得した退職手当金等の合計額が、500万円×相続人の数（ただし、養子については実子がいる場合には1人まで、実子がいない場合は2人までのみを算入する。）以下である場合には、相続人の取得した退職手当金等の全額が非課税となる。

一方、全ての相続人が取得した退職手当金等の合計額が、500万円×相続人の数（ただし、養子については実子がいる場合には1人まで、実子がいない場合は2人までのみを算入する。）を超える場合には、500万円×相続人の数という非課税限度額に、退職手当金等の合計額のうちに相続人が取得した退職手当金額の占める割合を乗じて算出した金額が非課税となる。

なお、相続放棄をした者がいる場合には、相続放棄をした者も相続人の数に含める。

(4) 課税価格の計算

ア 課税価格

（ア） 課税価格

相続又は遺贈（死因贈与を含む。）により財産を取得した相続人等の課税価格は、次のように計算する。

なお、各人の課税価格に1000円未満の端数があるときは、その端数を切り捨てる（税通118、相基通16-2）。

$$
相続財産 + みなし相続財産 - \begin{matrix}非課税\\財産\end{matrix} + \begin{matrix}相続時精算課税\\に係る贈与財産\end{matrix} - \begin{matrix}債務及び\\葬式費用\end{matrix}
$$

$$
+ \begin{matrix}相続開始前\\3年以内の\\贈与財産\end{matrix} = 各人の課税価格
$$

（イ） 負担付死因贈与の場合

負担付死因贈与により取得した財産の価額は、負担がないものとした場合におけるその財産の価額からその負担額（その死因贈与のあった時において確実と認められる金額に限られる。）を控除した価額によるものとされる（相基通11の2-7）。

イ 課税価格の計算の特例

（ア） 小規模宅地等についての相続税の課税価格の計算の特例

個人が相続又は遺贈（死因贈与を含む。）により取得した財産のうち

第6章　死因贈与と税務　　181

に、当該相続の開始の直前において、被相続人又は当該被相続人と生計を一にしていた当該被相続人の親族の事業の用又は居住の用に供されていた宅地等で、建物又は構築物の敷地の用に供されているものがある場合において、当該相続又は遺贈により財産を取得した相続人等がこの特例の適用を受けるものとして選択をしたものについては、限度面積までの部分について、相続税の課税価格に算入すべき価額を、次の割合に減額する、という制度である（租特69の4）。

相続開始の直前における宅地等の利用区分	要　件	限度面積	割　合
被相続人等の事業の用に供されていた宅地等で貸付事業以外の事業用の宅地等	「特定事業用宅地等」に該当すること	400m²	20%
被相続人等の事業の用に供されていた宅地等で貸付事業用の宅地等	「特定同族会社事業用宅地等」に該当すること	400m²	20%
	「貸付事業用宅地等」に該当すること	200m²	50%
被相続人等の居住の用に供されていた宅地等	「特定居住用宅地等」に該当すること	330m²	20%

　（イ）　特定計画山林についての相続税の課税価格の計算の特例
特定計画山林相続人等が、相続又は遺贈（死因贈与を含む。）により取得した特定計画山林でこの特例の適用を受けるものとして選択をしたものについて、当該相続の開始の時から相続税の申告書の提出期限

まで引き続き当該選択特定計画山林の全てを有している場合には、相続税の課税価格に算入すべき価額が、100分の95になる（租特69の5①）。

特定計画山林相続人とは、相続又は遺贈（死因贈与を含む。）により特定森林経営計画対象山林を取得した個人で、被相続人から特定森林経営計画対象山林を当該相続又は遺贈により取得した者で当該被相続人の親族であること、及び当該相続開始の時から申告期限まで引き続き選択特定計画山林である特定森林経営計画対象山林について市町村長等の認定を受けた森林経営計画に基づき施業を行っていることという要件を満たす者等をいう（租特69の5②三）。

特定計画山林とは、被相続人が相続開始の前に受けていた市町村長等の認定に係る森林経営計画区域内に存する特定森林経営計画対象山林をいう（租特69の5②四）。

　ウ　債務控除

　（ア）　債務控除

相続人か包括受遺者で、無制限納税義務者の場合、被相続人の債務で相続開始の際現に存するもの（公租公課を含む。）については、課税価格から控除される（相税13）。

相続放棄をした場合には、債務控除はされない（相基通13－1）。

相続開始の際に現に存するものに限られるので、相続に関する費用は、債務控除の対象にはならない（相基通13－2）。

控除される金額は、各相続人の実際の負担額だが、負担額が決まっていない場合には、法定相続分の割合に応じて控除されるものとして計算することになる（相基通13－3）。

　（イ）　葬式費用

被相続人に係る葬式費用は、課税価格から控除される（相税13①二）。ここで、控除されるには、相続人か包括受遺者で、かつ、無制限納税義務者である必要がある。

第6章　死因贈与と税務　　　183

制限納税義務者については、控除は認められていない。

「葬式費用」として控除されるのは、具体的には次の費用である（相基通13—4）。

① 埋葬、火葬、納骨又は遺がい若しくは遺骨の回送その他に要した費用

② 葬式に際し、施与した金品で、相当程度と認められるものに要した費用

③ ①又は②に掲げるもののほか、葬式の前後に生じた出費で通常葬式に伴うものと認められるもの

④ 死体の捜索又は死体若しくは遺骨の運搬に要した費用

一方、次の費用は「葬式費用」とは認められない（相基通13—5）。

① 香典返戻費用

② 墓碑及び墓地の買入費並びに墓地の借入料

③ 法会に要する費用

④ 医学上又は裁判上の特別の処置に要した費用

（ウ）　控除される債務

控除される債務は、確実と認められるものに限られる（相税14①）。

ただし、必ずしも書面の証拠が必要とは限らない（相基通14—1）。

保証債務は、原則として控除できない。

一方、連帯債務については、負担すべき金額が明らかとなっている場合には、その負担金額を控除することができる（相基通14—3）。

控除される公租公課は、被相続人の死亡の際債務の確定しているものの金額のほか、被相続人に係る所得税等の額（一定のものを除く。）が含まれる（相税14②）。

一方、以下の財産の取得、維持又は管理のために生じた債務の金額については、控除の対象にはならない（相税13③）。

① 墓所、霊びょう及び祭具等

② 公益を目的とする事業を行う者が相続又は遺贈（死因贈与を含む。）により取得した財産で当該公益を目的とする事業の用に供することが確実なもの

したがって、被相続人の生存中に墓碑を買い入れ、その代金が未払であるような場合には、当該未払代金は控除の対象にはならない（相基通13−6）。

　　　（エ）　相続開始前3年以内の贈与

相続又は遺贈（死因贈与を含む。）により財産を取得した者が当該相続の開始前3年以内に被相続人から贈与により財産を取得したことがある場合には、当該贈与財産の価額が相続税の課税価格に加算される（相税19）。

この贈与の財産の価額は、相続開始時ではなく、贈与時における価額となる（相基通19−1）。また、「当該相続の開始前3年以内」とは、当該相続の開始の日からさかのぼって3年目の応当日から当該相続の開始の日までの間をいう（相基通19−2）。

相続開始前3年以内に被相続人からの贈与により財産を取得した者が当該被相続人から相続又は遺贈（死因贈与を含む。）により財産を取得しなかった場合は、贈与財産の価額が相続税の課税価格に加算されない。

ただし、相続時精算課税適用者については、被相続人から相続又は遺贈（死因贈与を含む。）により財産を取得しなかった場合であっても、贈与財産の価額が相続税の課税価格に加算される（相基通19−3）。

生前に贈与を受けたが、相続放棄をした相続人等がこれに当たる。

（5）　相続税の総額

　ア　相続税の総額

相続税の総額は、課税価格の合計額から基礎控除額を控除し、各相続人が法定相続分に応じて取得したものとした場合におけるその各取得金額につき、以下の税率を乗じて計算し、それら金額を合計して計算する（相税16）。

第6章　死因贈与と税務　　185

　なお、各相続人が法定相続分に応じて取得したものとした場合における その各取得金額は計算上の取得金額であり、実際の取得金額とは 異なってよい。

法定相続分に応ずる取得金額	税　率	控除額
1000万円以下	10%	―
1000万円超3000万円以下	15%	50万円
3000万円超5000万円以下	20%	200万円
5000万円超1億円以下	30%	700万円
1億円超2億円以下	40%	1700万円
2億円超3億円以下	45%	2700万円
3億円超6億円以下	50%	4200万円
6億円超	55%	7200万円

　イ　基礎控除額

　相続税の課税価格の合計額から、基礎控除額として、「3000万円＋ 600万円×相続人の数」を差し引く（相税15①）。

　相続放棄をした相続人がいる場合にも、「その放棄がなかったもの とした場合における相続人の数とする」と定められているため、相続 放棄をした相続人がいる場合にも、基礎控除額は変わらない（相税15 ②）。

　養子がいる場合には、基礎控除額算定における相続人に含まれる養 子の数としては、実子がいる場合には1人まで、実子がいない場合には 2人までしかカウントされない（相税15②）。

　(6)　各相続人等の相続税額の計算

　ア　各相続人等の相続税額

　相続又は遺贈（死因贈与を含む。）により財産を取得した者に係る相

続税額は、その被相続人から相続又は遺贈（死因贈与を含む。）により財産を取得した全ての者に係る相続税の総額に、財産を取得した者に係る相続税の課税価格が当該財産を取得した全ての者に係る課税価格の合計額のうちに占める割合を乗じて算出する（相税17）。

イ　相続税額の加算

相続又は遺贈（死因贈与を含む。）により財産を取得した者が被相続人の一親等の血族及び配偶者以外の者である場合においては、その者に係る相続税額は、2割加算される（相税18①）。

「被相続人の一親等の血族」には、被相続人の直系卑属が相続開始以前に死亡し、又は相続権を失ったため、代襲相続人となった当該被相続人の直系卑属を含むが、被相続人の直系卑属が当該被相続人の養子となっている場合は含まれない（相税18②）。

(7)　税額控除

ア　相続開始前3年以内に贈与があった場合の相続税額

相続又は遺贈（死因贈与を含む。）により財産を取得した者が当該相続の開始前3年以内に当該相続に係る被相続人から贈与により財産を取得したことがある場合においては、その者については、当該贈与により取得した財産の価額を相続税の課税価格に加算した価額を相続税の課税価格とみなし、相続税額を計算する（相税19）。

この際、当該贈与により取得した財産の取得につき課せられた贈与税があるときは、相続税額から当該財産に係る贈与税の税額を控除する。

イ　配偶者に対する相続税額の軽減

被相続人の配偶者が当該被相続人からの相続又は遺贈（死因贈与を含む。）により財産を取得した場合には、当該配偶者について税額が控除される（相税19の2）。

具体的には、配偶者の課税価格が、課税価格の合計額に配偶者の相

第6章　死因贈与と税務　　187

続分を乗じて算出した金額より少ない場合、又は、1億6000万円以下で
ある場合には、相続税額はないものとなる。

　また、配偶者の課税価格が、上記いずれよりも多い場合には、軽減
される税額の算式は、以下のとおりとなる（相基通19の2−7）。

$$相続税の総額 \times \frac{課税価格の合計額のうち配偶者の法定相続分相当額と1億6000万円のいずれか少ない金額}{課税価格の合計額}$$

　当該軽減の適用を受けるためには、相続税の申告書又は更正請求書
を提出することが必要である（相税19の2③）。

　　ウ　未成年者控除

　被相続人の法定相続人で、20歳未満の者には、一定額の控除がある。
控除額は、20歳から相続開始時の年齢を差し引き、10万円を乗じた金
額となる（相税19の3①）。

　相続人が相続放棄をした場合にも、未成年控除の規定は適用される
（相基通19の3−1）。

　また、婚姻により成年とみなされる者であっても、未成年者控除の
規定は適用される（相基通19の3−2）。

　胎児が相続人になる場合には、控除額は200万円となる（相基通19の3
−3）。

　控除額が、未成年者の相続税額を超える場合には、未成年者の扶養
義務者の相続税額から控除することができる（相税19の3②）。

　扶養義務者が2人以上いる場合に、各扶養義務者が控除を受ける金
額は、扶養義務者全員の協議がなされて申告書を提出した場合はそれ
により、協議ができない場合には、各扶養義務者の相続税額の比によ
って按分して計算する（相税令4の3）。

　未成年者が、相続又は遺贈（死因贈与を含む。）により財産を取得し
たが、未成年者控除前の相続税額がない場合にも、未成年者の扶養義
務者から、未成年者控除を行う（相基通19の3−4）。

未成年者が既に未成年者控除を受けたことがある場合には、控除額は、20歳から前の相続開始時の年齢を差し引き、10万円を乗じた金額から、既に控除を受けた金額を差し引いた金額となる（相税19の3③）。

　　エ　障害者控除

　相続又は遺贈（死因贈与を含む。）により財産を取得した者が、法定相続人に該当し、かつ、障害者である場合には、その者については、算出された税額から、10万円（その者が特別障害者である場合には、20万円）にその者が85歳に達するまでの年数を乗じて算出した金額が控除される（相税19の4①）。

　障害者とは、精神上の障害により事理を弁識する能力を欠く常況にある者、失明者その他の精神又は身体に障害がある者をいい、特別障害者とは、障害者のうち精神又は身体に重度の障害がある者をいう（相税19の4②）。

　　オ　相次相続控除

　相続又は遺贈（死因贈与を含む。）により財産を取得した場合（第二次相続）において、当該相続等に係る被相続人が第二次相続の開始前10年以内に開始した相続等（第一次相続）により財産を取得したことがあるときは、第二次相続により財産を取得した者については、概算額として、第一次相続により取得した財産につき課せられた相続税額に相当する金額に、1年につき10％の割合で逓減した後の金額が控除される（相税20）。

　　カ　在外財産に対する相続税額の控除

　相続又は遺贈（死因贈与を含む。）により日本国外にある財産を取得した場合において、当該財産について外国の法令により相続税に相当する税が課せられたときは、当該財産を取得した者については、課税価格からその課せられた税額に相当する金額が控除される（相税20の2）。

キ　相続時精算課税の適用を受けた贈与に係る贈与税額の控除

相続時精算課税適用者に、相続時精算課税の適用を受ける財産につき課せられた贈与税があるときは、相続税から当該贈与税の税額に相当する金額が控除される（相税21の15③）。

第3　贈与税

1　贈与税

贈与税は、個人から贈与により財産を取得した者に課せられる税である。生前の贈与により、相続税負担が軽減されることになるため、相続税を補完するために生前贈与に対して課税するというのが、贈与税の趣旨である。

死因贈与は、相続税法1条の3第1項1号において、相続税として課税される旨規定されており、贈与税の対象にはならない。

2　贈与税のデメリット

多くの場合、相続税より贈与税の対象となった方が税額が高く算出されるため、死因贈与の方が、生前贈与と比較すると税制面でのメリットがある。

具体的な、贈与税の計算法は以下のとおりである。

(1)　課税価格の計算

その年の1月1日から12月31日までの1年間において贈与により取得した財産の価額の合計額が、贈与税の課税価格となる（相税21の2）。

(2)　基礎控除

課税価格から基礎控除額110万円を差し引く（相税21の5、租特70の2の4）。

190   第6章　死因贈与と税務

(3)　税　率

　基礎控除後の課税価格に下記税率を乗じ、下記控除額を差し引いて税額を計算する（相税21の7、租特70の2の5）。

　ア　一般税率

基礎控除後の課税価格	税　率	控除額
200万円以下	10％	―
200万円超300万円以下	15％	10万円
300万円超400万円以下	20％	25万円
400万円超600万円以下	30％	65万円
600万円超1000万円以下	40％	125万円
1000万円超1500万円以下	45％	175万円
1500万円超3000万円以下	50％	250万円
3000万円超	55％	400万円

　イ　特例税率

　直系尊属からの贈与により財産を取得した場合（その年の1月1日において20歳以上の者に限る。）

基礎控除後の課税価格	税　率	控除額
200万円以下	10％	―
200万円超400万円以下	15％	10万円
400万円超600万円以下	20％	30万円
600万円超1000万円以下	30％	90万円
1000万円超1500万円以下	40％	190万円

1500万円超3000万円以下	45%	265万円
3000万円超4500万円以下	50%	415万円
4500万円超	55%	640万円

第4　不動産取得税

1　不動産取得税

不動産取得税は、不動産の取得に対し、課される税である（地税73の2①）。

死因贈与においても、不動産を取得した場合、不動産取得税が課される。

2　納税義務者

不動産の取得者が納税義務者となる（地税73の2①）。

3　税　率

税率は、以下のとおりである（地税73の15・附則11の2①）。

①　土地及び家屋（住宅）　　不動産の価額×100分の3

②　家屋（非住宅）　　　　　不動産の価額×100分の4

相続や遺贈の場合には、不動産取得税は以下のとおりである（地税73の7一・73の15・附則11の2①）。この点に関しては、相続や包括遺贈に比べると死因贈与は不利なことが多い。

①　相続の場合　非課税

②　包括遺贈の場合　非課税

③　相続人に対する特定遺贈の場合　非課税

④　相続人以外に対する特定遺贈の場合

　a　土地及び家屋（住宅）　　不動産の価格×100分の3

　b　家屋（非住宅）　　不動産の価格×100分の4

4　税額の計算方法

　不動産取得税は、原則として、課税標準に税率を乗じて計算する。

　不動産の価額は固定資産税評価額である。

　課税標準は、不動産を取得したときにおける不動産の価格である（地税73の13①）。

　ここで、不動産の価格とは適正な時価をいうが（地税73五）、具体的には、固定資産課税台帳に固定資産の価格が登録されている不動産については、当該価格により当該不動産に係る不動産取得税の課税標準となるべき価格となる（地税73の21①）。ただし、平成33年3月31日までに宅地等を取得した場合は、取得した土地の価格の2分の1となる（地税附則11の5①）。

　課税標準を計算する場合において、その額に1000円未満の端数があるときはその端数金額を切り捨てる（地税20の4の2①）。

　不動産取得税の確定金額に100円未満の端数があるときは、その端数金額を切り捨てる（地税20の4の2③）。

5　申告及び納付

　納税義務者は、不動産を取得した日から30日以内に申告書を土地、家屋の所在地を所管する都税事務所等に提出する必要がある（地税73の18①、東京都都税条例45）。

　不動産取得税の徴収は、普通徴収の方法による（地税73の17①）。したがって、徴税吏員から納税者に対して納税通知書を交付されるため、当該納税通知書によって納付することになる（地税1七）。

第6章　死因贈与と税務　　193

第5　登録免許税

1　登録免許税

　登録免許税は、不動産等の登記、登録、特許、免許、許可、認可、認定、指定及び技能証明について課される税である（登税2）。

　売買、相続などによる所有権の移転の登記などと同様、死因贈与の不動産登記を行う際に、登録免許税が必要になる。

2　納税義務者

　登記等を受ける者が、登録免許税を納める義務がある（登税3）。

3　納税地

　納税義務者が受ける登記等の事務をつかさどる登記官署等の所在地が納税地となる（登税8）。

4　税　率

　税率は、以下のとおりである（登税別表1－(二)ハ・(十二)ロ・17）。

①　仮登記を行う場合　不動産の価額×1000分の10

②　仮登記後本登記を行う場合　不動産の価額×1000分の10

③　本登記のみ行う場合　不動産の価額×1000分の20

　※不動産の価額は固定資産税評価額である。

　生前贈与、死因贈与、相続や遺贈の場合の登録免許税は以下のとおりであり（登税別表1－(二)イ・ハ）、この点に関しては、相続や遺贈に比べると死因贈与は不利なことが多い。

①　生前贈与の場合　不動産の価額×1000分の20

②　死因贈与の場合　不動産の価額×1000分の20

194　　第6章　死因贈与と税務

③　相続の場合　不動産の価額×1000分の4

④　相続人に対する遺贈の場合　不動産の価額×1000分の4

⑤　相続人以外に対する遺贈の場合　不動産の価額×1000分の20

5　税額の計算方法

登録免許税額は、原則として、課税標準に税率を乗じて計算する（登税9）。

不動産等の課税標準では、不動産等の価額は、当該登記の時における不動産等の価額による（登税10①）。

ここで、不動産等の価額とは不動産の「時価」を指すと解されている。しかしながら、登録免許税法施行令附則3項において、課税台帳に登録された価格のある不動産については、課税台帳に登録された不動産の価格に相当する価額となると定められているため、固定資産評価額が課税標準となることが多い。

課税標準を計算する場合において、その額に1000円未満の端数があるときはその端数金額を切り捨てる（税通118）。

登録免許税の確定金額に100円未満の端数があるときは、その端数金額を切り捨てる（税通119）。

6　納付方法

登録免許税は、当該登記等につき課されるべき登録免許税の額に相当する登録免許税を国に納付し、当該納付に係る領収証書を当該登記等の申請書にはり付けて当該登記等に係る登記官署等に提出するのが原則である（登税21）。

また、当該登記等につき課されるべき登録免許税の額が3万円以下である場合等には、当該登録免許税の額に相当する金額の印紙を当該登記等の申請書にはり付けて登記官署等に提出することも可能である（登税22）。

第6章　死因贈与と税務　　195

　ただし、実務的には、登録免許税の額が3万円以上の場合にも、印紙を申請書に貼り付ける方法で納付することが多いといえる。

第6　裁決例

○国税不服審判所平成19年6月18日裁決（裁決事例集73・425）
＜事案の概要＞
　請求人が相続税の課税財産として申告していた未収債権の一部は、被相続人がＤらに対して生前に金員を贈与していたものであって、相続財産たる未収債権ではなかったとして更正の請求をしたところ、課税庁が、Ｄは被相続人から贈与ではなく死因贈与により金員を取得したものであるとして、Ｄを相続税の納税義務者として相続税の総額等を計算したところに基づく更正処分等を行ったことに対して、請求人らが同処分等の違法を理由としてその全部の取消しを求めた事案。
　被相続人は、生前に贈与証明書に署名押印し、自らが主宰する法人の従業員であるＤに交付した。贈与証明書には、以下のような記載があったが、被相続人は年内に死亡した。
　「私は、Ｄの会社での誠実な勤務及び親族にかかわる献身的な私への介護に対する感謝の気持ちとして、Ｄ母子の今後の安泰な生活を願い、金5000万円を贈与します。
　但し、節税のため、以下の方法で贈与します。
1　本日、私名義の○銀行○支店の普通預金口座の中の3000万円を、Ｄに2000万円、娘さんに1000万円贈与する。
　　なお、Ｄが速やかに出金手続をとることを指示した。
2　来年1月1日をもって、Ｄに2000万円贈与する。
　　なお、それまでの間はＤの名義の口座に移したうえ、その通帳と印鑑は税理士に保管を依頼した。
3　来年の贈与分について、年明けまでに万が一私が死亡したときは、前記保管口座の元利金はすべて自動的にＤに贈与したものとする。」
＜判　断＞
　「本件贈与証明書の「3」の記載に基づき、原処分庁は、2回目の贈与

が死因贈与に該当すると解していると認められるところ、5000万円を贈与することについて、その「1」及び「2」の記載において具体的に定められていると認められ、本件被相続人が死亡しなくてもDは贈与を受けることができるのであるから、本件贈与証明書の「3」の記載は、年明けまでに本件被相続人が死亡した場合に、滞りなく贈与が実行されるよう翌年1月1日の履行時期を待たずしてその履行を早める旨を定めたもので、単に贈与の履行時期の特約にすぎないものと認められるから、2回目の贈与は贈与者の死亡により効力が生ずる民法第554条の死因贈与には該当しないものと解するのが相当である。」

<解　説>

　贈与が死因贈与に該当するか否かが争われた事案である。

　死因贈与に該当する場合、相続税の課税財産となるが、単なる贈与に該当する場合には、相続税の課税財産とはならない。相続開始前3年以内に被相続人から贈与を受けた財産が、相続税の課税価格に加算される場合はあるが（相税19）、当該規定は、相続開始前3年以内に被相続人から贈与を受けた者が、被相続人からの相続又は遺贈により財産を取得しなかった場合においては適用がない（相基通19－3）。

　死因贈与とは、贈与者の死亡という始期付の贈与契約であり、贈与者の死亡により効力を生ずると考えられているところ（民554）、本裁決例は、本事例の贈与は、「贈与の履行時期の特約」を定めたにすぎない、としている。これは、贈与契約自体は既に成立しつつも、贈与の履行期が未到来ということである。

　贈与なのか、死因贈与なのかは区別が難しい場合もあるが、本裁決例は参考例の一つになるものと思われる。

○国税不服審判所平成25年6月4日裁決（裁決事例集91・225）

<事案の概要>

　被相続人は、平成21年1月に死亡したところ、被相続人の法定相続人は、被相続人の兄の子のみであった。

　請求人は、被相続人の従妹であるところ、平成20年4月23日に被相続人

第6章　死因贈与と税務　　197

との間で本件被相続人の死亡を条件として被相続人がその全財産を請求人に贈与する旨の死因贈与契約を締結したと主張し、相続人に対して訴訟を提起した。

相続人は、本件訴訟において、死因贈与契約が不成立である旨を主張するとともに、仮に当該死因贈与契約が成立していたとしても、書面によらない死因贈与であり、贈与者である本件被相続人の包括承継人である本件相続人が当該死因贈与契約を撤回する旨を主張した。

本件訴訟において、平成23年12月に和解が成立し、訴訟は終了した。和解は、死因贈与契約の一部の有効性を認めるという内容であった。

請求人は、平成23年12月24日に相続税の申告を行った。これに対し、課税庁は、請求人が被相続人の死亡を知った平成21年2月19日が、相続税法27条1項に規定する「相続の開始があったことを知った日」であり、請求人の申告は期限後申告であるとして、無申告加算税の賦課決定処分をした。

そこで、請求人は、「相続の開始があったことを知った日」とは、本件和解が成立した日である平成23年12月であり、本件申告は、期限内申告であるとして、当該賦課決定処分の全部の取消しを求めた。

＜判　断＞

「書面によらない贈与は、その履行が終わるまでは各当事者が自由にこれを撤回することができる（民法第550条）ため、それまでは目的財産は確定的に移転しておらず、いわば法律関係は当事者間で浮動の状態にあるものというべきである。

（中略）そうすると、本件和解の成立前の時点においては、本件被相続人の全財産を死因贈与により取得したとする請求人の権利は、極めてぜい弱なものであったといえることから、本件和解の成立前において請求人が自己のために相続の開始があったことを知ったものとは認められない。

（中略）そして、本件和解により、請求人は、本件預金についてのみ死因贈与により取得することとなったものである（中略）ところ、このことは、本件相続人が、本件被相続人がその全財産を請求人に死因贈与する旨の死因贈与契約について、その一部を撤回したものとみるのが相

当であり、本件和解により、当該一部撤回後の当該死因贈与契約の履行が確定したと認めるのが相当である。

　そうすると、請求人が自己のために相続の開始があったことを知ったのは、本件和解により当該死因贈与契約の履行が確定した日（平成23年12月〇日）というべきである。

　（中略）以上からすると、請求人については、本件被相続人との間の死因贈与契約の履行が確定した本件和解の日（平成23年12月〇日）をもって、相続税法第27条第1項に規定する「相続の開始があったことを知った日」とするのが相当である。」

＜解　説＞

　相続税の申告期限が争われた事案であるが、相続税の申告期限は、「相続の開始があったことを知った日の翌日から10か月以内」である（相税27①）。

　この期間を徒過してしまった場合には、期限後申告となり、無申告加算税が賦課される。無申告加算税は、原則として、相続税額に対して、50万円までは15％、50万円を超える部分は20％の割合を乗じて計算した金額となる（税通66①②）。

　相続税法27条1項に規定する「相続の開始があったことを知った日」とは、単に被相続人が死亡したことを知った日をいうのではなく、自己のために相続の開始があったことを知った日をいうと解されており、例えば、遺贈によって財産を取得した者は、自己のために当該遺贈のあったことを知った日をいうものと考えられている（相基通27－4）。

　本裁決例では、書面によらない死因贈与の場合、「相続の開始があったことを知った日」は、和解により当該死因贈与契約の履行が確定した日と解しているが、事例判断と思われる。書面による死因贈与の場合には、相続人には撤回権がないため、同様には解せないことはもちろんのこと、書面によらない死因贈与の場合であっても、本裁決例の事案は、受贈者と相続人が別人であり、相続人が1人であるというケースであるが、受贈者と相続人が一部重なる場合や、相続人が複数の場合に同様に解することができるか否かは、検討を要するものと思われる。

第 7 章

死因贈与と他の制度との比較

200

第7章　死因贈与と他の制度との比較　　201

第1　死因贈与以外の選択肢

　自身の死後のことを考えて、財産の処分等を行おうとする場合、死因贈与以外にも複数の選択肢がある。

　具体的には、生前贈与、遺言（遺贈）、遺言代用信託、死後事務委任契約などである。

　本章では、これらの制度と死因贈与とを比較検討する。

第2　生前贈与との比較

　自身の死後のことを考えて、生前から、相続人その他に贈与をしておくということはあり得る。このように、生前贈与も死因贈与も相続対策のひとつとして利用されることがある。

　生前贈与と死因贈与とを比較した場合、死因贈与は、贈与者の死亡によって効力を生ずる贈与契約の一種であり、いずれも贈与契約という点で共通点がある。

　そして、法律に関しては、死因贈与も民法第3編第2章第2節贈与の規定が適用されるため、生前贈与と類似点が多い。

　違いがあるのは、以下のような点である。

① 　生前贈与は、生前に贈与の効力が発生するが、死因贈与は贈与者の死亡により効力が発生する。

② 　死因贈与には、遺贈の規定が準用される（民554）（どの規定が準用されるかに関して詳しくは、**第3章**を参照されたい。）。

③ 　贈与財産が遺留分算定の基礎となる財産に含まれるか否かに関し、相続人に対する生前贈与の場合は、特別受益に該当する限りは、全て遺留分の算定の基礎となる財産に含まれる（最判平10・3・24判時1638・82）。

相続人以外に対する生前贈与の場合、相続開始前1年以内にしたものであるか、当事者双方に遺留分権利者に対する害意がなければ算定の基礎とはならない（民1030）。

他方、死因贈与は、贈与者の死亡によって効力が生ずるので、当然遺留分算定の基礎となる。

④　遺留分の減殺の順序に関しては、死因贈与より生前贈与の方が後順位となる（東京高判平12・3・8判時1753・57）。

⑤　生前贈与は基本的に贈与税の対象財産であるのに対し、死因贈与は相続税の対象財産となる。多くの場合、相続税より贈与税の対象となった方が税額が高く算出されるため、生前贈与の方が不利になる（詳しくは、第6章を参照されたい。）。

第3　遺言（遺贈）との比較

自身の死後のことを考えて財産処分を行おうとする場合、最も一般的な法律行為は遺言である。

死因贈与も遺言（遺贈）も、自身の死亡を原因として財産処分を行う法律行為であり、死因贈与には、遺贈の規定が準用されるため、類似点も多い。

税務面においては、いずれも相続税の対象になるため、この点で大きな違いはない。

一方で、大きな違いとして、以下のような点がある。

①　遺言（遺贈）は遺言者による単独行為であるが、死因贈与は両当事者による契約である。したがって、遺言（遺贈）は遺言者のみで行うことができるが、死因贈与は受贈者の承諾がないと行うことができない。

②　遺言（遺贈）は法定の方式に従って作成する必要があるが（民967）、

第7章　死因贈与と他の制度との比較　　203

死因贈与には方式の定めはない。このような違いがあるため、遺言が形式不備により無効とされる場合に、死因贈与が救済法理として利用されることがあり得る（いわゆる「無効行為の転換」。詳しくは、第4章を参照されたい。）。

③　包括遺贈の場合、受贈者は債権のみならず債務も被相続人から承継することになるが（民990）、包括的死因贈与の場合、受贈者が債務を承継するか否かについては明確な規定が存在せず、解釈が争われている（詳しくは、第3章第2の3を参照されたい。）。

④　遺言は撤回が可能であるが（民1022）、死因贈与は一定の負担付死因贈与の場合等に撤回が制限される（最判昭57・4・30判タ470・116）（詳しくは、第3章第3の2を参照されたい。）。

⑤　書面によらない死因贈与の場合、各当事者は、未履行部分について、撤回が可能であるが、遺言（遺贈）には同種の規定はない（民550）（詳しくは、第3章第4を参照されたい。）。したがって、死因贈与の場合、被相続人の死後、相続人が死因贈与を撤回する可能性があり得る。

⑥　遺留分の減殺の順序に関しては、遺贈より死因贈与の方が後順位となる（東京高判平12・3・8判時1753・57）。

⑦　死因贈与は、死因贈与契約締結時に仮登記をすることが可能であるが、遺言（遺贈）の場合、遺言作成時において仮登記その他の登記をすることはできない（詳しくは、第5章を参照されたい。）。

⑧　相続人に対する遺贈の場合、移転登記の登録免許税が1000分の4であるが、死因贈与の場合、相続人に対するものであっても、移転登記の登録免許税が1000分の20である（なお、相続人以外に対する遺贈の場合、登録免許税は1000分の20である。）（登税別表1－（二）イ・ハ）（詳しくは、第6章第5の4を参照されたい。）。

第4　遺言代用信託との比較

　遺言代用信託とは、信託のうち、①委託者の死亡の時に受益者となるべき者として指定された者が受益権を取得する旨の定めのある信託と、②委託者の死亡の時以後に受益者が信託財産に係る給付を受ける旨の定めのある信託をいう（信託90①）。①では、指定された者は委託者の死亡の時まで受益者ではないのに対し、②では、委託者の死亡前から受益者ではあるものの、死亡以前には給付を受けない、という点において違いがある。いずれにせよ、遺言代用信託は、契約により、委託者の死亡後の財産処分や管理を行うという点で、死因贈与と類似点がある。

　しかしながら、以下のような点で違いがある。

a　死因贈与の場合、贈与であるため、死亡時に受贈者に財産を移転させるだけであるが、遺言代用信託の場合、信託であるため、死亡後の財産の活用方法が柔軟である。例えば、遺言代用信託の場合、不動産の所有権を受益者に移転するのではなく、毎年賃料を受益者に給付し、管理は受託者が行う、といった設定方法も可能であるし、当初受益者が死亡した場合に他の者が新たに受益権を取得する、といった設定方法も可能である（いわゆる「後継ぎ遺贈型受益者連続信託」）。

b　死因贈与の場合、必要な当事者として、贈与者と受贈者がいるだけなのに対し、遺言代用信託の場合、委託者と受益者の他に、受託者が必要である（場合によっては、これら以外に、受益者代理人や信託管理人が必要な場合もある。）。

　死因贈与の場合も、贈与者と受贈者以外の当事者として、死因贈与執行者が選任される場合もあるが、選任は必須ではない。また、

死因贈与執行者の職務が長期間になることも基本的には想定されていない。一方、遺言代用信託の受託者の場合、信託期間が長めに設定されていると、受託者の業務が長期に及ぶことも珍しくない。

c　死因贈与では、一定の負担付死因贈与の場合等に、撤回が制限される（最判昭57・4・30判タ470・116）（詳しくは、**第3章第3の2**を参照されたい。）。

　　一方、遺言代用信託においても、委託者は受益者を変更する権利を有するが、信託行為に別段の定めをすることにより、変更権を排除したり、制限したりすることが可能である（信託90①）。

d　死因贈与の場合、贈与契約締結時に仮登記を行うことが可能である。また、本登記は、贈与者が死亡後に行われる。

　　一方、遺言代用信託の場合には、契約後速やかに受託者に対する移転登記と信託登記が行われる。したがって、遺言代用信託の場合には、当事者が望まない場合においても、当事者や信託の内容などが、登記において表示されることになる。

第5　死後事務委任契約との比較

　死後事務委任契約とは、死後における債務の弁済や葬儀、埋葬などの事務を委任する契約である。死後事務委任契約を単独で締結することも可能であるが、任意後見契約とセットで締結されることも多い。

　死後事務委任契約と死因贈与契約は、死後に関する契約という点で類似している。

　一方、以下のような違いがある。

①　死因贈与は、民法において定められた契約類型であるが、死後事務委任契約は、委任契約の一種であり、判例（後記**第6**最判平4・9・22

金法1358・55）によって認められてはいるものの、適用される規定や有効性の範囲なども不明確である（例えば、日本公証人連合会編『新版　証書の作成と文例　家事関係編』166頁（立花書房、改訂版、2017）においても、「なるべく短期間に終了する限定的事項に限るのが相当である。」などとの記載があるが、長期に及ぶ死後事務委任契約が有効なのか否かなどは判然としない。）。

② 委任者は、委任契約を任意に解除できる旨定められているところ（民651）、死後事務委任契約では、「契約内容が不明確又は実現困難であったり、委任者の地位を承継した者にとって履行負担が加重であるなど契約を履行させることが不合理と認められる特段の事情がない限り、」委任者の地位の承継者（相続人など）が委任契約を解除することはできないと考えられている（後記第6東京高判平21・12・21判タ1328・134）。一方、書面によらない死因贈与の場合、贈与者の死後、相続人が死因贈与を撤回することが可能と考えられている（民550）。

第6　死後事務委任契約についての判例

死後事務委任契約についての主な判例には、以下のものがある。

○最高裁平成4年9月22日判決（金法1358・55）
＜事案の概要＞
　Aは、入院中の昭和62年3月初めごろ、A名義の預貯金通帳、印章及びこの預貯金通帳から引き出した金員をYに交付し、①Aの入院中の諸費用の病院に対する支払（62万円）、②Aの死後の葬式を含む法要の施行とその費用の支払（葬儀関連費用は62万円、49日の法要の費用は25万8000円）、③入院中に世話になった家政婦Bに対する「応分の謝礼金」（20万円）の支払、及び④同じく入院中世話になったAの友人C女に対する「応分の謝礼金」（20万円）の支払を依頼した（書面による依頼ではなかった

第7章　死因贈与と他の制度との比較　　　207

ようである。）。

　Ａは、同月28日に死亡した。

　Ａの相続人であるＸは、Ｙに対し、預貯金通帳・印章の返還などを請求する訴訟を提起した。

＜判　　旨＞

　高裁は、Ｘの請求を認めた。

　最高裁は、以下のように述べて、Ｙ敗訴部分を破棄し、高裁に差し戻した。

　「自己の死後の事務を含めた法律行為等の委任契約がＡとＹとの間に成立したとの原審の認定は、当然に、委任者Ａの死亡によっても右契約を終了させない旨の合意を包含する趣旨のものというべく、民法653条の法意がかかる合意の効力を否定するものではないことは疑いを容れないところである。

　しかるに、原判決がＡの死後の事務処理の委任契約の成立を認定しながら、この契約が民法653条の規定によりＡの死亡と同時に当然に終了すべきものとしたのは、同条の解釈適用を誤り、ひいては理由そごの違法があるに帰し、右違法は判決の結論に影響を及ぼすことが明らかであるといわなければならない。」

　「そして、右部分について、当事者間に成立した契約が、前記説示のような同条の法意の下において委任者の死亡によって当然には終了することのない委任契約であるか、あるいは所論の負担付贈与契約であるかなどを含め、改めて、その法的性質につき更に審理を尽くさせるため、本件を原審に差し戻すこととする。」

＜解　　説＞

　委任者の死亡によっても契約を終了させない委任契約は有効であり、民法653条はかかる合意の効力を否定するものでないことを判示した最高裁判例として重要である。

　本件においては、ＡとＹが、書面によらない負担付贈与契約を締結したとも考えられる。

　この場合には、Ａが贈与を履行したと見られれば、Ｙによる負担付贈与契約の撤回はできないことになる。

○東京高裁平成11年12月21日判決（判タ1037・175）

＜事案の概要＞

Aは、平成4年12月に死亡した。

Aの唯一の相続人である子のXは、Aの預金等の管理をしていたAの姉であるY₁及び妹であるY₂に対し、預金等の着服の不法行為があるとして、損害賠償請求訴訟を提起した。

＜判　旨＞

一審は、Xの請求を認容した。

控訴審は、以下のように述べて、一審判決を取り消して、Xの請求を棄却した。

「Aは、平成3年3月3日に、B（Aの母）及びYらに対し、A名義の預金を管理し、これをA及びBの生活費や療養費、さらにはA家の家産や祭祀の維持のために使用すること、また、その委任事務はAの死後も引き続いてB及びYらにおいて処理することを委任したと認めるのが相当である。」

「AがB及びYらに対し、死後の事務処理を含めてこれを委任するものとして預金の管理をまかせたとの主張は理由がある。

そうすると、YらがA名義の預金を払い戻したとしても、そのこと自体は何ら不法行為を構成するものではない。

また、払戻金のうちBの指示で費消されたものについてYらに不法行為責任を問うことはできないし、Yらが費消した金員は、Bの生活費・療養費又はA家の家産・祭祀の維持のために使われたものと認められ、不法行為の事実は認められない。」

＜解　説＞

Aが、Yら姉妹に対し、自分の死後も預金の管理及びこれを母の生活費等に使用することを委任したと認定した事案である。

Yらは、Aが預金をB及びYらに贈与したとも主張したが、控訴審もこの贈与は認定していない。

第7章　死因贈与と他の制度との比較　　　209

　このように家族間における預金の管理、使用については、通常契約書等の書面が作成されないことから、贈与や死後事務委任契約の有無の事実認定は、難しいものになる。

○東京高裁平成21年12月21日判決（判タ1328・134）

＜事案の概要＞

　Aは、生存中、宗教法人甲寺が管理する墓地に墓（本件墓）を建立した。その後、Aは、甲寺の僧侶であるYに対し、自分の葬儀及び一切の供養を依頼し、供養料300万円（本件交付金）を交付した（第1準委任契約）。また、Aは、さらにその後、Yに対し、自分の写真を本件墓に納め永代供養してほしいと依頼した（第2準委任契約）。

　Aは死亡し、その甥で僧侶であるXが、Aの遺言により葬儀及び祭祀の主宰者と指定された。そして、Xは、Yに対し、①主位的に、第1準委任契約は、原始的又は後発的不能であるから、その事務処理費用として前払いされた300万円は、Yの不当利得になるとして、その返還を、②予備的に、第2準委任契約は解除されたとして、本件交付金の返還を求めた。

＜判　旨＞

　一審は、Xの請求を棄却した。

　控訴審も、以下のように述べて、Xの控訴を棄却した。

　「本来、委任契約は特段の合意がない限り、委任者の死亡により終了する（民法653条1号）のであるが、委任者が、受任者に対し、入院中の諸費用の病院への支払、自己の死後の葬式を含む法要の施行とその費用の支払、入院中に世話になった家政婦や友人に対する応分の謝礼金の支払を依頼するなど、委任者の死亡後における事務処理を依頼する旨の委任契約においては、委任者の死亡によっても当然に同契約を終了させない旨の合意を包含する趣旨と解される（最高裁平成4年（オ）第67号同年9月22日第三小法廷判決・金融法務事情1358号55頁参照）。さらに、委任者の死亡後における事務処理を依頼する旨の委任契約においては、委任者は、自己の死亡後に契約に従って事務が履行されることを想定して

契約を締結しているのであるから、その契約内容が不明確又は実現困難
であったり、委任者の地位を承継した者にとって履行負担が加重である
など契約を履行させることが不合理と認められる特段の事情がない限
り、委任者の地位の承継者が委任契約を解除して終了させることを許さ
ない合意をも包含する趣旨と解することが相当である。」

　「本件第2準委任契約においては、委任者であるAが死亡し、祭祀承継
者としてXが委任者の地位を承継することとなったとしても、Xに同契
約を解除することを許さない合意を包含する趣旨と解するのが相当であ
る。」

＜解　説＞

　前記の最高裁平成4年9月22日判決を引用して死後事務委任契約を認
め、死後事務委任契約においては、その契約内容が不明確又は実現困難
であったり、委任者の地位を承継した者にとって履行負担が加重である
など契約を履行させることが不合理と認められる特段の事情がない限
り、委任者の地位の承継者が委任契約を解除して終了させることを許さ
ない合意をも包含するとした判例である。

　本件事案は、僧侶との委任者の永代供養の死後事務委任契約であるか
ら、委任者の祭祀主宰者による契約の解除を認めなかった結論は妥当で
あろう。

第 8 章

事業承継と死因贈与

212

第1 事業承継

　中小企業は、企業全体数のうち大多数を占めており、我が国の経済基盤を支える重要な役割を果たしている。

　一方で、経営者の高齢化が進んできており、中小企業の事業承継は、ますます緊要な問題となっている。経済産業省中小企業庁は平成18年に「事業承継ガイドライン」を策定したが、更に事業承継を推し進めるために、平成28年12月に上記「事業承継ガイドライン」を改訂するとともに、この改訂に即した「経営者のための事業承継マニュアル」を平成29年4月に公表している。

第2 事業承継対策の必要性

1 株式の相続

　株式が共同相続人に相続された場合に、その株式が遺産分割の対象となるかについて、判例は、一貫して、株式は遺産分割の対象となり、遺産分割まで相続人に分割帰属せず、共同相続人間で準共有の関係が生ずると解している（最判昭45・1・22判時584・62、最判昭52・11・8判時875・101）。

　そして、後記最高裁平成26年2月25日判決（民集68・2・173）もこの立場を明らかにしている。

〇最高裁平成26年2月25日判決（民集68・2・173）
＜事案の概要＞
　A・B夫婦には、4人の子Y、X₁、X₂、X₃がいた。Aは昭和50年に、Bは平成17年に死亡し、A・Bの遺産について、平成19年にYが遺産分

割及び寄与分を定める処分を家庭裁判所に申し立てた。遺産中には、株式、投資信託受益権及び個人向け国債（「本件国債等」）が含まれていた。家庭裁判所は、平成20年、Ｙによる寄与分を定める処分の申立てを却下し、預貯金を除く遺産をＹ及びＸらで共有取得する（持分各4分の1）との審判をした。Ｘらは、遺産分割後の共有状態にある本件国債等につき、共有物分割を求めて（主位的請求。予備的請求は省略。）訴えを提起した。

＜判　旨＞

一審は、Ｘらの請求を認めた。

控訴審は、Ｘらの請求を却下した。

上告審は、株式については、以下のように述べて、控訴審判決を破棄して差し戻した。

「株式は、株主たる資格において会社に対して有する法律上の地位を意味し、株主は、株主たる地位に基づいて、剰余金の配当を受ける権利（会社法105条1項1号）、残余財産の分配を受ける権利（同項2号）などのいわゆる自益権と、株主総会における議決権（同項3号）などのいわゆる共益権とを有するのであって（最高裁昭和42年（オ）第1466号同45年7月15日大法廷判決・民集24巻7号804頁参照）、このような株式に含まれる権利の内容及び性質に照らせば、共同相続された株式は、相続開始と同時に当然に相続分に応じて分割されることはないものというべきである（最高裁昭和42年（オ）第867号同45年1月22日第1小法廷判決・民集24巻1号1頁等参照）。」

＜解　説＞

共同相続された株式が、相続開始と同時に当然に相続分に応じて分割されることがないことを改めて判示した最高裁判決として意味がある。

2　遺産分割までの株主権の行使

会社法106条は「株式が二以上の者の共有に属するときは、共有者は、当該株式についての権利を行使する者一人を定め、株式会社に対し、その者の氏名又は名称を通知しなければ、当該株式についての権利を

行使することができない。ただし、株式会社が当該権利を行使することに同意した場合は、この限りでない。」と定める。この規定は、旧商法203条2項を引き継いだものであるが、平成17年の会社法制定時にただし書が追加されている。

この会社法106条に基づき、共同相続した株式について遺産分割協議が成立する前に、共同相続人が株主の権利を行使するには、共同相続人は権利行使者1名を定めて会社に通知しなければならない。

この権利行使者選任に関し、共有者全員の同意が必要か、その過半数の同意で足りるかが問題となる。

この点について、後記最高裁平成9年1月28日判決（判時1599・139）は、持分の価格（株式数）に従い過半数で足りると解している。

○最高裁平成9年1月28日判決（判時1599・139）
＜事案の概要＞

Aは、Y₁有限会社及びY₂有限会社（以下、両社を「Y社」と総称する。）の持分を全て所有していた。Aは、平成元年10月、Aを議長として、Y社の臨時社員総会を開催し、Bを代表取締役に選任する等の決議をした。そして同年11月にAは死亡した。そのAの相続人は、妻X₁（法定相続分2分の1）と（AとX₁の間の）子X₂、X₃（法定相続分各10分の2ずつ）及び（AとBとの間の）子C（法定相続分10分の1）の4名であった（遺産分割は未了）。

X₁、X₂、X₃（以下、「Xら」という。）は、Cの法定代理人親権者であるBが旧有限会社法22条、旧商法203条2項に定める権利行使者を指定するための協議に応じないとして、旧有限会社法22条、旧商法203条2項に定める権利行使者の指定及び通知をすることなくY社の持分の準共有者

としての地位に基づき上記社員総会の各決議が存在しないことの確認を
求める訴訟を提起した。

＜判　　旨＞

　一審、控訴審とも、本件各訴えを却下した。

　上告審も、以下のように述べて、Ｘらの上告を棄却した。

　「有限会社の持分を相続により準共有するに至った共同相続人が、準
共有社員としての地位に基づいて社員総会の決議不存在確認の訴えを提
起するには、有限会社法22条、商法203条2項により、社員の権利を行使
すべき者（以下「権利行使者」という）としての指定を受け、その旨を
会社に通知することを要するのであり、この権利行使者の指定及び通知
を欠くときは、特段の事情がない限り、右の訴えについて原告適格を有
しないものというべきである（最高裁平成元年（オ）第573号同2年12月
4日第3小法廷判決・民集44巻9号1165頁参照）。そして、この場合に、持
分の準共有者間において権利行使者を定めるに当たっては、持分の価格
に従いその過半数をもってこれを決することができるものと解するのが
相当である。けだし、準共有者の全員が一致しなければ権利行使者を指
定することができないとすると、準共有者のうちの一人でも反対すれば
全員の社員権の行使が不可能となるのみならず、会社の運営にも支障を
来すおそれがあり、会社の事務処理の便宜を考慮して設けられた右規定
の趣旨にも反する結果となるからである。」

＜解　　説＞

　権利行使者の指定をしないで、共同相続人が会社の株主又は持分権者
として訴訟を提起しても、特段の事情がない限り、原告適格が認められ
ないとのこれまでの判例の立場を踏襲した判例である。

　また、持分の共有者間で権利行使者を定めるに当たっては、持分の価
格に従いその過半数をもって決することができるとし、その理由として、
共有者全員の一致が必要とすると、一人の反対により社員権行使が不可
能となり、会社の運営にも支障を来すおそれがあることを述べた最高裁
判例である。

第8章　事業承継と死因贈与　　　217

　次に、会社側はどのような場合に会社法106条に基づき共同相続人
の権利行使に同意することができるかが問題となる。

○最高裁平成27年2月19日判決（民集69・1・25）
＜事案の概要＞
　Y社は特例有限会社であり、その発行済株式総数3000株のうち2000株
をAが所有していた（残りの1000株はCが所有していた。）。Aは平成19
年に死亡した。Aの相続人は、いずれもAの妹であるXとBの2名（法定
相続分は各2分の1ずつ）（遺産分割は未了）である。
　平成22年11月にY社の臨時株主総会（以下、「本件総会」という。）が
開かれ、Bは、Y社の同意を得て、Aが有した株式2000株の全部につい
て議決権行使（以下、「本件議決権行使」という。）をした（なお、Bは、
会社法106条本文の規定による権利を行使する者の指定及びY社に対す
るその者の氏名又は名称の通知をしていなかった。）。Cは、本件総会に
おいて議決権行使をした。なお、Xは、本件総会には都合により出席で
きないこと、及び、本件総会を開催しても無効であることを事前にY社
に通知して、本件総会を欠席した。
　本件総会では、①Dを取締役に選任する、②Dを代表取締役に選任す
る、③本店所在地を変更する旨の定款変更及び本店移転の各決議（以下、
「本件各決議」という。）がなされた。Xは、本件各決議について決議の
方法等につき法令違反があるとして、Y社に対し会社法831条1項1号に
基づき本件各決議の取消請求訴訟を提起した。
＜判　　旨＞
　一審は、Xの請求を棄却した。
　控訴審は、一審判決を取り消し、Xの請求を認容した。

上告審は、以下のように述べてY社の上告を棄却した。

「共有に属する株式について会社法106条本文の規定に基づく指定及び通知を欠いたまま当該株式についての権利が行使された場合において、当該権利の行使が民法の共有に関する規定に従ったものでないときは、株式会社が同条ただし書の同意をしても、当該権利の行使は、適法となるものではないと解するのが相当である。

そして、共有に属する株式についての議決権の行使は、当該議決権の行使をもって直ちに株式を処分し、又は株式の内容を変更することになるなど特段の事情のない限り、株式の管理に関する行為として、民法252条本文により、各共有者の持分の価格に従い、その過半数で決せられるものと解するのが相当である。」

「本件議決権行使をしたBは本件準共有株式について2分の1の持分を有するにすぎず、また、残余の2分の1の持分を有するXが本件議決権行使に同意していないことは明らかである。そうすると、本件議決権行使は、各共有者の持分の価格に従いその過半数で決せられているものとはいえず、民法の共有に関する規定に従ったものではないから、Y社がこれに同意しても、適法となるものではない。」

<解　説>

会社法106条本文に基づく権利行使者の指定を欠き、株主の権利行使が民法の共有規定に従ったものでないときには、同法ただし書の規定に従い会社が同意しても、その権利行使は適法とならないことを判示した最高裁判例として重要である。

また、共有株式の権利行使は、特段の事情がない限り、民法252条本文の管理行為として各共有者の持分の価格に従いその過半数で決せられることを述べた点も重要である。

3　遺産分割における株式の取扱い

遺産分割審判において、非公開株式がどのように分割されるかについて、興味深い判例がある。

第8章　事業承継と死因贈与　　219

○東京高裁平成26年3月20日決定（判時2244・21）

＜事案の概要＞

被相続人は、平成24年に死亡した。

相続人は、被相続人の長男Ｈ（平成22年死亡）の子である申立人らＡ、Ｂ、Ｃ並びに被相続人の長女である相手方Ｄ及び二女である相手方Ｅの合計5名である。

法定相続分は、申立人らが各9分の1、相手方らが各3分の1である。

遺産には、土地持分、預貯金債権のほかＧ株式会社の株式5万8450株（「本件株式」）があった。申立人らは相手方Ｄ、Ｅに対し、遺産分割の申立てをした。

＜判　旨＞

一審は、本件株式を法定相続分どおりＡ、Ｂ、Ｃ、Ｄ、Ｅ間で分割した。

抗告審は、以下のように述べて、原審判を変更し、本件株式を申立人Ａの単独取得とした。

「Ｇ株式会社は、初代社長のＩ及びその親族がこれまで経営に当たってきたものであり、また、その大半の株式をＩの親族が保有しているという典型的な同族会社であり、その経営規模からすれば、経営の安定のためには、株主の分散を避けることが望ましいということができる。このことは、会社法174条が、株式会社はその譲渡制限株式を取得した者に対して自社に当該株式を売り渡すことを請求できる旨を定款で定めることができると規定し、また、中小企業における経営の承継の円滑化を図ることを目的として制定された中小企業における経営の承継の円滑化に関する法律（平成20年5月16日法律第33号）が、旧代表者の推定相続人は、そのうちの1人が後継者である場合には、その全員の合意をもって、書面により、当該後継者が当該旧代表者からの贈与等により取得した株式等の全部又は一部について、その価額を遺留分を算定するための財産の価額に算入しないことを合意し、家庭裁判所の許可を受けた場合には、上記合意に係る株式等の価額を遺留分を算定するための財産の価額に算入

しないものとすると規定している（4条1項1号、8条1項、9条1項）ことなどに表れている。これらの規定は、中小企業の代表者の死亡等に起因する経営の承継がその事業活動の継続に悪影響を及ぼすことを懸念して立法されたものであり、そのような事情は、民法906条所定の「遺産に属する物又は権利の種類及び性質」「その他一切の事情」に当たるというべきであるから、本件においても、これを考慮して遺産を分割するのが相当である。

そして、上記認定のGの株主構成や、抗告人AがGの次期社長に就任する予定であり、残高1250万1000円の預金通帳を提出して代償金の支払能力のあることが認められることなどに鑑みると、本件株式は、全部これを抗告人Aに取得させるのが相当である。」

＜解　説＞

遺産中の同族会社の株式について、経営承継円滑化法の趣旨を民法906条のその他一切の事情として考慮し、次期社長予定の代襲相続人にその全部を取得させ、他の相続人に代償金の支払を命じた判例である。

しかし、同族会社の株式の遺産分割事件において、このような分割方法が一般的とまではいえないであろう。

また、本件では、本件株式の評価額については、相続税評価額とすることで相続人間が合意したが、株式の評価額についても争いになると、評価方法や鑑定費用の負担についても問題になることが多い。

4　事業承継対策の必要性

上記判例の事案から見て明らかなように、非公開会社、同族会社の株式の相続について、被相続人が遺贈、死因贈与等の方法によって、その取得者を決めていない場合には、かなり困難な状況になる。

すなわち、遺産分割が決定するまで、その株式は共同相続人の準共有となり、共同相続人間で権利行使者を決められない場合には、会社の意思決定に支障をきたす可能性がある。例えば、共同相続人が子2人の場合には、その法定相続分は各2分の1であるから、この2人の意見

が合わない場合には、いずれも株式の価格において過半数を得ることができず、株式の権利行使者を決定することができない。

また、遺産分割が成立するには、相当の期間がかかることが多いので、その間、会社の経営の意思決定ができないおそれもある。

このような事態を防止するためには、少なくとも会社の株式を後継者である相続人が単独で取得するようにしておくべきである。

第3　事業承継の類型

中小企業の事業承継を、事業の引継ぎ先から仕分けすると、

① 　親族・従業員への承継

② 　その他第三者への承継

の2つの類型に分けられる。②はいわゆるM＆Aなどが含まれるものであって、事業譲渡等の法形式が採られ、「死因贈与」が活用される余地が少ない。しかし、①では、経営者死亡時における株式や営業用資産などの承継が課題となり、「死因贈与」が大きな役割を果たす局面も出てくるものである。

また、事業承継を計画し、それを実施する時期、及び、事業承継の対策法から中小企業の事業承継を仕分けすると、

a　生前実現型

b　生前準備型

の2つの類型に分けられるとされる（日弁連中小企業法律支援センター編『事業承継法務のすべて』109頁（金融財政事情研究会、2018））。

a　生前実現型

　この場合は、生前に株式や営業用資産などを売買、贈与等により、現実に移転させて、事業承継を実現するやり方である。

b　生前準備型

　この場合は、遺言や死因贈与契約により経営者死亡時における株式や営業用資産などの承継を計画し、予定しておいて、実際の承継は、経営者死亡時に行うというやり方である。この型の場合には、遺言とともに、死因贈与契約は、株式や営業用資産などの承継の根幹を定める重要な役割を果たすことが期待されるものである。

第4　事業承継における死因贈与の特徴

　死因贈与契約を事業承継の方法として使用する場合には、先代経営者にとっては、生前には、株式や営業用資産の移動はなされず、死亡時に株式や営業用資産の承継を行うので、先代経営者の生前における地位が安定しているというメリットがある。なお、同様の効用があるものとして、遺言があるが、遺言は、通常は、被相続人が作成して、その内容を秘密にしておくことが多い。これに比して死因贈与は、贈与者と受贈者との間での契約であるので、受贈者は、贈与者たる先代経営者から株式や営業用資産等を贈与者死亡時に承継することを充分に了知しているものである。したがって、死因贈与契約の場合には、受贈者に後継の経営者としての自覚を持たせることができるというのもメリットといえる。さらに、遺言と死因贈与との差異について付言すると、遺言は、撤回自由で、原則として新しい遺言が有効とされるものである。しかし、死因贈与の場合は、遺言が単独行為とされるのと異なり、死因贈与は受贈者との間の契約であることが考慮されて、遺言と同様に基本的には撤回ができるものとされるが、判例上、撤回できない場合があるとされていること（詳しくは、**第3章第3参照。**）に注意されたい。

第8章　事業承継と死因贈与　　　223

　死因贈与のデメリットとしては、特別受益として遺留分の問題が生じ得る（遺留分減殺がなされた限度において死因贈与契約どおりの贈与が実現できないことがあり得る。）こと（なお、その点は遺言でも同様のデメリットがある。）、死因贈与の効力が発生する贈与者の死亡時点では、当然のことながら贈与者が存在せず、その相続人らの充分な協力が得られずに、死因贈与契約の内容がスムーズに実現できるか不安があること(そのためには、死因贈与執行者の指定等が有用である。)等がある。なお、遺言のような厳格な形式は不要とされており、自筆の死因贈与契約書であっても検認は不要とされている。しかし、時間的に余裕がある等の場合には、死因贈与契約についても、公正証書で作成しておいた方が、事後に問題となることは少ないので、お薦めする。

第5　事業承継に関連する死因贈与契約の例

　事業承継の対象となるのが個人事業ではなく、会社形態の事業である場合に、会社の経営権を引き継ぐためには、会社支配権（株式会社であるなら株式、合同会社、合資会社、合名会社では持分）の確保が肝要となる。

　そして、株式会社の場合において、株式譲渡制限制度が採られているときは、株式譲渡についての取締役会の承認決議が必要となり、合同会社、合資会社、合名会社等の持分会社の持分の譲渡には、他の社員の全員の承諾を要するのが原則である（会社585①）。なお、定款の規定により、他の社員全員の承諾がなくても持分の譲渡ができる旨を定めることができる（会社585④）。ただし、業務を執行しない有限責任社員は、業務を執行する社員の全員の承諾があるときは、持分を譲渡す

ることができる（会社585③）。

　また、株式会社の場合には、死因贈与の効力が生じた後、株主名簿の書換えが必要となるし（会社130①）、株券発行会社の場合には、株券の交付が必要とされる（会社128①）。

　さらに、持分会社では、社員の氏名又は名称及び住所、無限責任社員又は有限責任社員のいずれであるかの別、社員の出資の目的、価額、評価の標準等を定款に記載することを要する（会社576①四〜六）。したがって、持分の譲渡をした場合には、定款の変更が必要となるのが原則である（会社637）。

　生前贈与については、贈与税が課せられる（ただし、相続時精算課税制度、事業承継税制の利用により負担の軽減を図ることが考えられる。）が、死因贈与は、遺贈と同様に、贈与税ではなく、相続税が課せられる（相税1の3①一・11）ことに注意されたい。なお、持分の評価については、持分の価額は取引相場のない株式の評価方法に準じて評価される（評基通194）こととなる。

条項例1

＜後継者（長男）に死因贈与をする場合（株式会社の例）＞

第○条　贈与者Aは、受贈者Bに対し、Aが保有するC株式会社の全ての株式（○○株）を贈与することを約し、Bはこれを受諾した。

第○条　前条の贈与は、Aの死亡によって効力を生じ、BはAの死亡と同時にAの株式に関する権利を承継するものとする。

第○条　Aは本死因贈与の執行者として、次の者を指定する。

　　　　住　　所　　○○県○○市○○町○丁目○番地○号

　　　　氏　　名　　○○○○

　　　　職　　業　　弁護士

　　　　生年月日　　昭和○年○月○日生

第8章　事業承継と死因贈与　　225

条項例2

＜後継者（親類の者）に事業を継ぐことを停止条件とする死因贈与を
する場合（合同会社の例）＞

第○条　贈与者Aは、受贈者Bに対し、Aが死亡し、かつ、当該時点で
　　　　BがC合同会社の取締役として、同社を経営していることを停止
　　　　条件として、Aが保有するC合同会社の全ての持分を贈与するこ
　　　　とを約し、Bはこれを受諾した。
第○条　Aは本死因贈与の執行者として、次の者を指定する。
　　　　住　　　所　　○○県○○市○○町○丁目○番地○号
　　　　氏　　　名　　○○○○
　　　　職　　　業　　弁護士
　　　　生年月日　　昭和○年○月○日生

第6　経営承継円滑化法の遺留分の民法特例の合意

　経営承継円滑化法に基づく遺留分の民法特例の合意には、除外合意
と固定合意の2つがある。

1　除外合意

　先代経営者から後継者へ生前贈与された株式を遺留分の基礎財産か
ら除外することができる。

　ただし、全ての生前贈与に適用されるのではなく、経営承継円滑化
法所定の諸条件を満たすことが必要である。すなわち遺留分を有する
推定相続人らの書面による合意を要するなどのハードルは高いものが
ある。

2 固定合意

　生前贈与株式の評価を合意時に固定することができる。これについても経営承継円滑化法所定の要件をクリアすることが必要である。

　ただし、株式の評価は、変動するのが通常であり、経営者の交代・承継によって、今後は、確実に株式の評価額の上昇が見込まれるなどの特別の事情のない限り、株式評価額の固定合意が利用されるのは少ないといわれている（すなわち、固定合意後に、株式の評価額が低下してしまった場合には、後継者としては不利益を受けることになるからである。）。

　なお、上記の経営承継円滑化法による民法の特例としてなされる除外合意、固定合意は、自社株等が生前贈与された場合に利用できるものであって、死因贈与の場合にはその適用を受けられないことに注意するべきである。

第 9 章

死因贈与契約の展望
～新たな相続契約として
の位置付け～

228

第1　相続と契約

　相続においては、被相続人の意思が尊重されるのが基本である。そして、その被相続人の意思が表されるものの典型は、遺言である。しかし、遺言のほかにも、被相続人の意思が表明されるものとして、被相続人が取り交わした契約があり得る。

　この被相続人が取り交した契約に重要な定めをしている立法例として、ドイツ民法がある。また、フランス民法においても、遺産分割に関連して契約が重要な意味を持つ制度が定められている。

第2　ドイツ民法

1　相続契約制度

　ドイツ民法において、相続人に関して、「相続人は、被相続人の意思に基づいて（遺言・相続契約により）定まる（指定相続人。ドイツ民法（以下、条数のみ示す。）§1937、1941）。被相続人による相続人の指定がないとき、相続人は、民法の規定によって定まる（法定相続人。§1924以下）。相続人の指定があるときは、指定相続人のみが相続人であり、推定法定相続人は相続資格を取得できない。相続人は権利能力を有すること（相続能力）を要し、相続開始時に存在していることが必要である（同時存在の原則。§1923Abs.1）。自然人だけでなく、法人も相続能力を有するので、被相続人が指定すれば相続人となりうる。」との定めがなされている（浦野由紀子「第1部　ドイツ法」大村敦志監『各国の相続法制に関する調査研究業務報告書』1頁（公益社団法人　商事法務研

究会、2014年10月))。

　すなわち、ドイツ民法では、遺言だけでなく、相続契約において、相続人を定めることができるとされており、その相続人には、法人も相続人となり得るなどの特色がある。

2　相続契約の定義・内容・効力

　また、ドイツ民法においては、「死因処分により遺産承継がなされる」、「死因処分には受領を要しない一方的な意思表示によるもの（遺言・終意処分）と契約によるもの（相続契約）がある」とされており、その相続契約の定義、内容等として、

① 「相続契約とは契約の形式をとってなされる死因処分であり、被相続人を拘束し、被相続人による一方的な変更ができない点で、自由な撤回が可能な遺言による処分とは異なる。共同遺言が夫婦間に限定されているのとは異なり、相続契約は、任意の者と締結することができる。

　相続契約は、公正証書でなされなければならない（§2276 Abs.1Satz1）。

　相続契約の当事者の一方は被相続人でなければならないが、その相手方は死因処分を行う必要はない。相手方の役割は、被相続人のした表示を契約の形式で承諾することである。相続契約の相手方は、当該相続契約によって指定相続人や受遺者になる者である必要はない。」

② 「相続契約においてなしうる処分には、一方的な（単独行為による）死因処分（§2299）と契約による処分があるが、相続契約は、少なくとも一つ、契約による処分を含んでいなければならない。

相続契約でなされる処分のうち、契約による処分のみが拘束力を有する（§2278Abs.1）。被相続人は、相続契約をした場合でも、生存者間の法律行為により財産を自由に処分することができる（§2286）。被相続人が契約によって指定された相続人を害する意図で財産を他に贈与した場合には、契約による相続人は、受贈者に対して、贈与目的物の返還を求めることができる（§2287）。被相続人が相続契約による受遺者を害する意図で、遺贈目的物を破壊等して遺贈の履行を不能にした場合は、受遺者は、相続開始時に、遺贈の価値の補償を求めることができる（§2288Abs.1）、被相続人が相続契約による受遺者を害する意図で、遺贈目的物を売却等した場合は、相続人が目的物を調達する義務を負う（§2288Abs.2Satz1）。」と定められている（浦野・前掲7頁〜10頁）。

したがって、ドイツ民法においては、「相続契約」に関する明確な根拠規定が置かれており、「相続契約」に広範な効力が与えられているといえる。

第3 フランス民法

1 恵与分割

上述したとおり、ドイツ民法には「相続契約」なる制度があり、相続に関する契約につき、一定の法律上の地位が明確に与えられているが、フランス民法においては、「相続契約」という規定はないが、「贈与分割」として、贈与（契約）と遺贈とを含む制度があるので、参考となる。

232 第9章 死因贈与契約の展望～新たな相続契約としての
位置付け～

　すなわち、「フランス民法典には、かつては尊属分割partage d'as-cendantsと呼ばれ、2006年法律以降には、恵与分割libéralité-partageと呼ばれている制度がある。恵与libéralitéは贈与と遺贈とを含めた無償譲渡を意味し、尊属分割・恵与分割も、贈与の形式をとる場合と遺贈の形式をとる場合があるが、いずれの場合においても、処分者（贈与者・遺言者）の処分行為により財産が移転するとともに、処分者の死亡時に遺産分割を経ることなく分割の効果が確定する。尊属分割・恵与分割によると、被相続人は、推定相続人以外の者を指定して財産を取得させ、推定相続人を除くことができると同時に、本来遺産分割は相続人らが行うものであるが、それを自ら行うことができる。贈与の形式をとる場合を贈与分割donation-partage（1076条以下）、遺言の形式をとる場合を遺言分割testament-partage（1079条以下）という。前者では、分割は被相続人の死亡前におこなわれることになる。後者では分割は死亡時になされる。

　かつては親がその子らに財産を分配することを目的とする制度であったため、尊属分割と呼ばれていた。しかし、2006年法律により、より広く推定相続人に対しても（1075条）、また、推定相続人であるか否かに関わらず様々な世代の卑属に対しても（1075条の1）、分配することが認められるようになったため、恵与分割と称されている。」とされている（幡野弘樹・宮本誠子「第2部　フランス法」大村敦志『各国の相続法制に関する調査研究業務報告書』33頁（公益社団法人　商事法務研究会、2014年10月）。

2　贈与分割

　また、フランスでは、「贈与分割は、贈与の規律に従い（1075条2項）公証証書によってなされる（931条）。贈与分割の対象となるのは、現

存財産のみであり、将来財産を含めることはできない（1076条1項）。必ずしも処分者の財産全てを対象としなくてもよく、一部でもよい。夫婦共通財産を対象とすることはできず、処分者が単独で処分可能な財産のみを対象とする。配偶者双方が、贈与分割によって相互に相手方に財産を分配することは認められている。また、贈与分割の形式を用いて、個人企業または会社の社員権の分配および分割を行うことも可能である。すなわち、1075条の2第1項は、「処分者の財産に、工業、商業、手工業、農業または自由業の性質を有する個人企業、または工業、商業、手工業、農業または自由業の性質を有する活動を行う会社の社員権が含まれており、かつ処分者が個人企業または会社において指導する職務に就いている場合、処分者は、贈与分割の形式を用いてかつ1075条及び1075条の1に規定する条件の下で、同条に規定されている1または複数の受贈者と1または複数の他の者との間で、個人企業または会社の社員権の分配および分割を行うことができる。」」とされている（幡野・宮本・前掲33頁・34頁）。

　上記のとおり、フランス民法においては、恵与分割・贈与分割という制度があり、被相続人の意思に基づいて、贈与の形式によって、被相続人の生前に実質上の遺産分割を行うことができ得るとされていることが大いに注目されるものである。

第4　我が国の民法による相続

1　ドイツ民法との対比

　我が国の民法「第5編　相続」においては、ドイツ民法のような「相続契約」なる語は出てこないし、「相続契約」に相続人指定その他の効

力が与えられる旨の規定も存在していない。

　しかし、我が国の民法によっても、第三者である法人に対し、財産を遺贈することは可能であるし、法人との死因贈与契約において被相続人死亡の時に法人へ被相続人の財産全部を移転させることも可能である。なお、一部の学説には「ドイツにおける相続契約のような制度が特定されていないわが国にて、内容の特定されていない包括的贈与契約を認めることはできないであろう」（岡林伸幸「死因贈与の撤回（遠藤美光先生・小賀野晶一先生退職記念号）」163頁（千葉大学法学論集、2015））との見解もあるが、むしろ、我が国においても、包括的死因贈与契約を認めるとするのが、判例・通説といえる（例えば最判昭57・4・30判タ470・116）（**第3章第1の7を参照**。）。

　このように、我が国の民法ではドイツ民法のように「相続契約」という明確な定めはないが、死因贈与契約ないし、（生前）贈与契約を活用することによって、ドイツ民法にいう「相続契約」と類似する法的効果を実際上得られることは可能であると考える。

2　フランス民法との対比

　また、フランス民法における恵与分割、贈与分割制度も参考となり得る。恵与分割は、贈与の形式を採る場合も遺贈の形式を採る場合もあるが、いずれの場合も、処分者（贈与者・遺言者）の処分行為により財産が移転するとともに、処分者の死亡時に遺産分割を経ることなく分割の効果が確定するとされている。本来、遺産分割は相続人らが行うものであるが、それを被相続人自らが行うことができるという特色がある。贈与の形式を採る場合が贈与分割、遺言の形式を採る場合

が遺言分割といわれる。前者では、分割は被相続人死亡前に行われることとなる。後者では分割は死亡時になされるものである。

　我が国の民法上、「恵与分割」という名称の制度はないが、それに類似する法的効果を得られるものとして、(生前) 贈与、遺言、死因贈与を活用することが考えられる。すなわち、事実上の (遺産) 分割を被相続人の死亡前に行うものとして (生前) 贈与があり得るし、被相続人の生前において定めた (遺産) 分割の内容を、被相続人の死亡時に実現させるものとして遺言あるいは死因贈与があり得る。

第5　これからの死因贈与契約の展望

　これからの将来的な死因贈与契約あるいは (生前) 贈与契約の展望としては、被相続人の死亡時に行う遺産分割を、被相続人の生前に被相続人の意思に基づいて行うものとして、(生前) 贈与契約が位置づけられ、死亡時に行われる分割内容を被相続人の意思に基づいて生前に契約の形式で定めておくものとして、死因贈与契約が位置づけられるものである。これに関連して述べれば、(生前) 贈与については、贈与税の相続時精算課税制度を利用すれば、(相続税よりも税率が高いとされる) 贈与税の弊害も防ぎ得るものである。また、(生前) 贈与及び死因贈与は、いわゆる事業承継においても重要な役割を果たすものとなっているものである。

　遺産相続に関して、相続人ら間での紛争が深刻化、複雑化している現代において、紛争防止・回避の有用な手段として、一つには遺言を利用することが考えられるが、さらには、上記の死因贈与契約あるいは (生前) 贈与契約を活用して、生前に被相続人の意思に基づいて (死

亡時に行われる）遺産分割の内容を定めておくこと、あるいは、被相続人の生前に被相続人の意思に基づいて、実質的に遺産分割を行っておくことが、今後ますます重要性を持ってくると考えられる。その意味においても、遺産相続に関して、「死因贈与」をさらに活用していくことが、肝要である。

索引

238

判例年次索引

月日	裁判所名	出典等	ページ
【明治38年】			
5.11	大 審 院	民録11・706	44
【明治40年】			
5. 6	大 審 院	民録13・503	147
【大正15年】			
12. 9	大 審 院	民集5・829	60
【昭和25年】			
11.16	最 高 裁	判タ8・53	147
【昭和30年】			
9.29	福 岡 地	下民6・9・2058	101
【昭和31年】			
6.28	最 高 裁	民集10・6・754	158
【昭和32年】			
5.21	最 高 裁	民集11・5・732	47,60 137

月日	裁判所名	出典等	ページ
【昭和37年】			
4.26	最 高 裁	民集16・4・1002	104
7.28	横 浜 地	判タ135・99	98
【昭和43年】			
6. 6	最 高 裁	判時524・50	61
【昭和44年】			
1.25	東 京 地	判タ234・201	81
【昭和45年】			
1.22	最 高 裁	判時584・62	213
【昭和47年】			
5.25	最 高 裁	民集26・4・805	77
7.28	東 京 家	判時676・55	115
【昭和49年】			
2.20	広 島 地	判時752・70	85
9.20	最 高 裁	民集28・6・1202	127
【昭和51年】			
6.29	東 京 地	判時853・74	109

月日	裁判所名	出典等	ページ

【昭和52年】

| 7.13 | 東京高 | 判時869·53 | 109 |
| 11. 8 | 最高裁 | 判時875·101 | 213 |

【昭和53年】

2.17	最高裁	判タ360·143	110
11.30	最高裁	判時911·108	105,147
12.22	水戸家	家月31·9·50	117,139

【昭和54年】

| 12.20 | 東京高 | 判タ409·91 | 50,56
110 |

【昭和55年】

| 7.30 | 宇都宮地 | 判時991·102 | 87 |

【昭和56年】

1.30	大阪高	判時1009·71	139
8. 3	東京地	判時1041·84	39,56 140
11. 2	東京高	判時1030·39	110

【昭和57年】

| 4.30 | 最高裁 | 判タ470·116 | 51,56,62
78,109
203,205
234 |
| 10.28 | 東京高 | 判タ497·122 | 88 |

【昭和58年】

| 1.24 | 最高裁 | 民集37·1·21 | 79 |

【昭和60年】

| 6.26 | 東京高 | 判時1162·64 | 141 |
| 11.29 | 最高裁 | 民集39·7·1719 | 107 |

【昭和62年】

| 3.28 | 広島家 | 家月39·7·60 | 117,143 |

【昭和63年】

| 6.27 | 東京地 | 判時1306·56 | 89 |

【平成元年】

| 11.21 | 名古屋高 | 家月42·4·45 | 118 |

【平成3年】

| 6.27 | 東京高 | 判タ773·241 | 99 |

【平成4年】

3.26	仙台地	判時1445·165	144
8.26	名古屋地	金判915·37	82
9.22	最高裁	金法1358·55	205,206

【平成5年】

| 5. 7 | 東京地 | 判タ859·233 | 52,84 |

【平成7年】

| 10.25 | 東京地 | 判時1576·58 | 54,90 |

判例年次索引　　　　　　　　　241

月日	裁判所名	出典等	ページ

【平成8年】

| 7.9 | 東京高 | 判時1572・56 | 155 |

【平成9年】

1.28	最高裁	判時1599・139	215
3.17	東京高	家月49・9・108	120
10.30	東京高	金法1535・68	132
11.14	東京高	家月50・7・69	121

【平成10年】

| 2.13 | 最高裁 | 判時1635・49 | 128,155 |
| 3.24 | 最高裁 | 判時1638・82 | 201 |

【平成11年】

| 12.16 | 最高裁 | 民集53・9・1989 | 124 |
| 12.21 | 東京高 | 判タ1037・175 | 208 |

【平成12年】

| 3.8 | 東京高 | 判時1753・57 | 130,131 202,203 |

【平成15年】

| 5.28 | 東京高 | 判時1830・62 | 65 |

【平成18年】

| 8.29 | 大阪高 | 判時1963・77 | 152 |

【平成19年】

| 3.27 | 東京地 | 判時1980・98 | 122,123 |

【平成20年】

| 2.7 | 京都地 | 判タ1271・181 | 65,66 |

【平成21年】

| 12.21 | 東京高 | 判タ1328・134 | 206,209 |

【平成22年】

| 7.13 | 東京地 | 判時2103・50 | 44 |

【平成26年】

2.25	最高裁	民集68・2・173	213
3.20	東京高	判時2244・21	219
4.25	東京地	金法1999・194	145

【平成27年】

2.17	水戸地	判時2269・84	40,65,68
2.19	最高裁	民集69・1・25	217
8.13	東京地	平26(ワ)34206	42

【平成28年】

| 4.19 | 東京地 | 平26(ワ)30795・平27(ワ)4344 | 102 |

死因贈与の法律と実務

平成30年8月22日　初版発行

編　集　本橋総合法律事務所

発行者　新日本法規出版株式会社

代表者　服　部　昭　三

発 行 所	新 日 本 法 規 出 版 株 式 会 社	
本　　社 総轄本部	(460-8455)	名古屋市中区栄 1 － 23 － 20 電話　代表　052(211)1525
東京本社	(162-8407)	東京都新宿区市谷砂土原町2－6 電話　代表　03(3269)2220
支　　社	札幌・仙台・東京・関東・名古屋・大阪・広島 高松・福岡	
ホームページ	http://www.sn-hoki.co.jp/	

※本書の無断転載・複製は、著作権法上の例外を除き禁じられています。＊
※落丁・乱丁本はお取替えします。　　　ISBN978-4-7882-8452-4
5100026　死因贈与実務　　ⓒ本橋総合法律事務所 2018 Printed in Japan